『和创造世界名牌的人
一起放飞梦想』

科万特家族的宝马神话

kewante jiazu de baoma shenhua

◇ 陈　曲◆编著

吉林出版集团有限责任公司

图书在版编目（CIP）数据

科万特家族的宝马神话 / 陈曲编著. -- 长春 :吉林出版集团有限责任公司，2013.11

（和创造世界名牌的人一起放飞梦想）

ISBN 978-7-5463-6968-6

Ⅰ. ①科… Ⅱ. ①陈… Ⅲ. ①科万特（1954～1982）—生平事迹—青年读物②科万特（1954～1982）—生平事迹—少年读物 Ⅳ. ①K835.165.38-49

中国版本图书馆CIP数据核字（2013）第281396号

科万特家族的宝马神话
KEWANTE JIAZU DE BAOMA SHENHUA

编　　著：陈　曲
项目负责：陈　曲
责任编辑：金　昊　潘　晶
出　　版：吉林出版集团股份有限公司
发　　行：吉林出版集团社科图书有限公司
电　　话：0431-81629727
印　　刷：北京一鑫印务有限责任公司
开　　本：710mm×960mm 1/16
字　　数：100千字
印　　张：12
版　　次：2014年3月第1版
印　　次：2019年7月第2次印刷
书　　号：ISBN 978-7-5463-6968-6
定　　价：23.80元

如发现印装质量问题，影响阅读，请与出版方联系调换。0431-81629727

梦想与生命共存　传奇与我们同在

当你拥有这套《和创造世界名牌的人一起放飞梦想》系列丛书并真正读懂它的时候，祝贺你，你已经向成功又迈近了一大步，并可以为自己的人生勾画一张蓝图了。

开卷有益，我们不是猎奇，不是对世界名人和超级品牌的奇闻轶事简单地一声惊叹，而且通过阅读，让我们的视野变得更加开阔，让我们能够更好地认识这个世界，并找到适合自己的成功之路。

这是一套全方位满足你阅读愿望的好书，文字鲜活，引人入胜。这里有商界巨鳄的传奇创业故事，也有他们普通如你我的日常生活，当你随着一行行文字重走他们的人生之路时，你的心一定会在波澜起伏中感到一种快意。或许他们的成功不能复制，但是他们的坚韧、执着、宽容——这些成功的要素，我们可以复制。

通过阅读名人的成长故事，重温名人的创业之路，我们会发现，健全的人格、自由的意志、高远的理想、敢于实践的勇气、高瞻远瞩的见地、坚毅勇敢的性格、理性处世的原则、独立思考的习惯、幽默风趣的表达方式……一个人成功的诸多要素都以具体而形象的方式展现在你的面前。

每个人都有自己的生活轨迹，然而成功之路殊途同归，这一路上你的行囊里必须要装入梦想、希望、宽容和坚韧。

请给自己一个梦想吧！梦想是成功的种子，梦想是希望的支点。从这套书中你会发现，每一个了不起的品牌里都承载了品牌创始人那激越的梦想。是梦想，让他们充满激情，斗志昂扬；是梦想，在困境中带给他们希望，让他们有了坚持下去的勇气；是梦想，激励他们不断向前进！

为梦想不懈地努力吧！从这套书中你会明白，任何人的成功都不会一帆风顺，在鲜花和掌声的背后，有太多不为人知的痛苦。那些创业中的失败、徘徊和挫折，对我们来说更具有启迪的价值。真正的勇敢者，并不是无所畏惧，而是在面对挫折的时候，能及时调整自己，正视艰难困苦，不放弃希望。所谓成功，不过是努力的另一个名字罢了。

伟大的戏剧家莎士比亚曾说："一个最困苦、最卑贱、最为命运所屈辱的人，只要还抱有希望，便无所怨惧。"

生命只有一次，让我们在阅读中汲取无穷的力量吧！《和创造世界名牌的人一起放飞梦想》系列丛书会带你走进一个传奇世界，仔细阅读并把你的梦想付诸实践，你也许会成为下一个传奇。

带上我们的梦想启程，为我们璀璨夺目的人生而奋斗！

目录
Content

前　言
Introduction

梦想与现实的距离有多远，宝马与科万特家族的"传奇"告诉你，它们亲密无间。

BMW——"宝马"，有人把它理解为成功的象征，有人把它视为财富的化身，如果你读懂了它的历史与文化，相信你也会拥有它。

从双轮摩托车起步，一度被掩埋在战争的废墟中，最终在慧眼识珠的商界奇才手中破茧成蝶，君临天下，成为世界顶级豪车队伍的一分子——这就是"宝马"。

宝马的出身与劳斯莱斯、奔驰、萨博这些世界顶尖豪车一样，都有着上帝吻过的殊荣，它们皆先在云端翱翔，尔后落地变身为车之神。

一滴水是怎样幻化成海的？宝马与科万特家族的"传奇"告诉你，是理想，是信念。

宝马公司核心技术提供者吉斯坦·奥托怀着超越前人的野心，为宝马提供了第一滴水；赫尔伯特·科万特在宝马濒临破产的边缘时，力挽狂澜，让宝马波涛汹涌。如今宝马的蓝白之色遍布全球，宝马已成为世界上最有价值的汽车品牌品之一。

1916年3月，一家飞机制造厂成立于德国巴伐利亚州，名为巴伐利亚飞机制造厂，德文名为Bayerische Flugzeug Werke，其首字母的缩写为BFW，就是这三个简单的大写字母为后来享誉天下的BMW打下了坚实的技术基础。这家飞机制造厂因为并购了吉斯坦·奥托（Gustan Otto）的飞机制造厂，借助其先进的技术在飞机领域获得了重大的成就。次年，也就是1917年7月，"宝马"的真身出现，巴伐利亚发动机制造厂成立，德文为Bayerische Motoren Werke。几年之后，"BMW"与"BFW"合并，统一为"BMW"，从此，宝马开始了神奇的陆地之旅。

"宝马"的汽车之梦酝酿了很久。冲破一战迷雾后，率先进入人们视野的是一辆豪放的大马力摩托车。1923年BMW车厂生产了第一台摩托车——R32，在这辆双轮摩托车身上，第一次出现意义丰富外环内分的蓝白相间的商标。BMW-R32摩托车的历史地位还在于它科学合理的发动机结构，经典的设计几十年过去了依旧风采如故。R32流水一样的曲线好像风的线条，对驾驶者安全最大化的考量以及先进的排放技术，使它迅速成为摩托车行业的标准并被广泛推广。

从此，宝马摩托车纵横双轮车的世界，为宝马带来盛誉。宝马摩托车多次为挽救公司立下战功，这战绩源于实力。在不断被冲击的速度纪录上，一位名叫恩斯特·海恩的赛车手创造了一个奇迹，纪录时速为279.5公里，纪录更新的时间是14年以后，他的坐骑就是宝马出品的摩托车。

摩托车的辉煌不能令宝马止步，毕竟制造汽车才是宝马公司的终极目的。1929年，宝马公司的第一辆汽车Dixi 3/15 PS DA1千呼万唤始出来。虽然它曾在国际阿尔帕拉力赛上勇夺冠军，为宝马公司的优秀技术做出了证明，更在经济萧条时期为公司立下了汗马功劳，但是欧罗巴是一个太讲究血统的地方，就像庶出的孩子难继承衣钵一样，有着英国小型轿车Austin Seven基因的Dixi 3/15 PS DA1虽然销路不错，但得不到德国专家的身份认可。

不管怎样，Dixi 3/15 PS DA1在市场上的广受欢迎为宝马赢得了资本与时间，1933年，拥有纯正德国血统的BMW303横空出世，挑剔的德国人终于承认宝马设计出了真正属于自己的第一辆汽车。BMW303出身高贵，性能卓越，外观前卫，为宝马在汽车领域赢得了充分的认可和杰出的声誉。而宝马也由此进入第一个黄金时代。

断壁残垣是怎样重现辉煌的？宝马与科万特家族的"传

奇"告诉你，是坚持，是勇气。

一个品牌的成长也与一个人的成长一样，在风雨中越挫越勇，才方显英雄本色。

在宝马汽车昂首阔步走向世界的时候，战争无情地撕碎了它的美好蓝图。两次世界大战，德国均以失败告终，而宝马在两次大战中都受到了重创。一战后，宝马公司被剥夺了生产飞机与汽车的资格，厂房严重受损，只能以生产自行车、摩托车维持生计。而后励精图治，面壁十年，直至重新崛起生产出Dixi 3/15 PS DA1。二战的结果是宝马公司难以承受的，美军控制了它的全部资产，苏军拆除了它所有的技术设备，公司成了一个空壳。受到严格管制的宝马在短短两个月的时间内损失巨大，足足损失了2000多万马克。但是，倔强的宝马没有向命运屈服。在被炮火轰毁的废墟上宝马重建了厂房，又一次以摩托车为依托艰难前行，直至战后的第七年，宝马才推出使公司声名大噪的汽车——BMW501卓越的性能和持久的耐力又一次在汽车领域为宝马加了好评分。

新的成功为宝马带来了勇气，他们不断改进、不断调整，始终以高品质高标准要求自己，终于在汽车界为自己争得了一席之地。

可惜好景不长，20世纪50年代末，宝马出现了财务危机，走到了破产的边缘，要被业界大哥奔驰收购。这个在风雨飘摇中为了梦想苦苦挣扎的钢铁战士，等待它的将是什么？

将倾之大厦是怎样屹立不倒的？宝马与科万特家族的"传奇"告诉你，是智慧，是决断。

谁说上帝不存在？一定是蓝天之上BFW的声音打动了万能的上帝，连神祇也不忍心看着优秀的"BMW"这样落寞地退出。上帝创造了一个奇迹，他安排了一个拯救宝马的人——赫尔伯特·科万特。

赫尔伯特·科万特不是第一个与宝马结缘的科万特家族成员，但是却是宝马的救命恩人。可以说没有赫尔伯特·科万特也就没有今天大放异彩的"BMW"。赫尔伯特·科万特由于眼疾看不清这个世界，但却有着惊人的商业头脑，他使父辈的经商之道更上层楼，宝马的起死回生就是他成功的一个例证。

赫尔伯特承袭了祖辈和父辈的商人天赋，他从父辈那里得到了奔驰与宝马的股份，即便不奋斗也可以过着悠闲的富豪生活。当宝马在上个世纪50年代末沉入谷底之时，赫尔伯特显露出超人的魄力，一掷千金，卖掉了正在升值的奔驰股票，大手笔购进了宝马30%的股份，成为宝马公司最大的股东。这一大胆行为因为过于冒险，以至于他的家人和朋友纷纷劝阻，可是没有人能阻止一个天才的选择。

赫尔伯特·科万特开启了宝马的新时代，伯乐与良驹一旦邂逅，注定会产生一个"传奇"。

在赫尔伯特·科万特的带领下，宝马公司同仁众志成城，宝马浴火重生，局势豁然开朗，一辆辆"宝马"现身，款款皆为精品，令人眼花缭乱。单说1961年问世的BMW 1500，绝佳的性能、新颖的设计吸引了大批车迷。BMF1500的双肾栅格一出现就成为经典设计，沿用至今，成为宝马的一个标志。将倾的宝马终如比萨斜塔一样成为一道耐人寻味的风景，而力挽狂澜的赫尔伯特·科万特也成为了一个英雄。

1966年，宝马重振雄风后，不久就在世界多个国家开设了分公司，真正成为汽车业巨子。1972年，BMW德国慕尼黑总部拔地而起。20世纪70、80年代是宝马公司的第二个黄金时代，宝马3系、5系、7系等车型陆续投产，宝马用不争的事实向人们宣示，宝马已成为德国第二大汽车集团。20世纪90年代，宝马事业到达了一个高峰，宝马先后买入了路虎、MINI、劳斯莱斯等英国名车品牌，使自己的队伍更为庞大。在赫尔伯特·科万特的带领下，宝马公司奉行坚持、独立的原则，在波诡云谲的商海坚挺耸立。

远在慕尼黑那个四汽缸体形状的建筑里，宝马精英们运筹帷幄、决胜千里，建立了一个品牌的威仪，书写着一个品牌不朽的传奇。

⊕BMW⊕

第一章　　宝马与宝马群雄

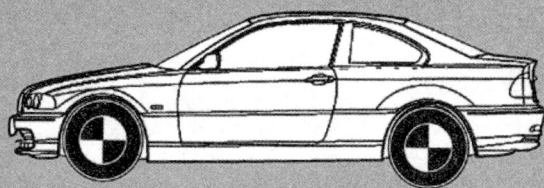

⦿BMW⦿

第一节　前世今生的轮回

> 正路并不一定就是一条平平坦坦的直路，难免有些曲折和崎岖险阻，要绕一些弯，甚至难免会误入歧途。
>
> ——朱光潜

鹰飞得再低也是雄鹰，即使从高空落下也依旧会带着雄浑的气魄。1917年，第一次世界大战还在硝烟中看不清结局的时候，为德军提供战机发动引擎的BFM公司就已开始策划向新领域进攻了。随后，同德国在战场上的节节败退形成鲜明对比的是，这个战斗中的军用物资公司顺利转型，战争结束后摇身一变，用"BMW"代替了"BFW"，从双轮摩托车起家，终于在20世纪30年代成功晋身德国汽车行业的第一方阵，从此开始了宝马汽车的传奇之旅。

先进的科学技术被运用于军事领域并不是第一次世界大战的专利，飞行技术从一战开始普及，谁拥有了制空权，谁就拥有了主动权。德国在一战中扮演了不光彩的角色，可是不得不

承认德国的军备精良，配备巴伐利亚飞机制造厂的发动机的信天翁Ⅱ型、Ⅲ型战机一时之间成为空中杀手。虽然巴伐利亚飞机制造厂为德国提供军事技术与设备而变得面目可憎，但是如果抛开战争的因素客观公正地评判"BFW"，得出的结论只有一个——出色。

科学技术可以转化为军事力量，更可以带来无限的商机。战争期间BFW公司重组后改名为巴伐利亚发动机制造有限责任公司，1918年又改名为巴伐利亚发动机制造股份公司并上市，这个调整使宝马从空中落到地面，也为宝马日后的发展确立了方向。

战争使BFW一夜成名，更名后的BMW传承了BFW公司发动机的优良品质，前世雄鹰的血统为今生神马的速度奠定了坚实的基础。

成也萧何败也萧何，第一次世界大战结束后，德国被禁止生产军用飞机，而此时重组的新公司尚未成熟，宝马公司面临着生存危机。煎熬了几年之后，借助双轮摩托车的市场影响力，宝马厚积薄发，在公司成立10年之后的1927年向人们推出了一辆装有宝马独有技术发动机的英德混血汽车Dixi 3/15 PS DA1。这个"混血王子"在市场的反响由冷到热，同时也把宝马带进了汽车市场。

有梦想，有努力，不抛弃，不放弃，宝马迎来了第一个春

天。

　　20世纪30年代，宝马在一批资深工程师的努力下，成功地清理掉血液中的其他成分，不再含有英国元素。宝马从1933年连续推出了一系列轿车，目标消费群体也逐渐从工薪阶层转向中上阶层甚至是达官贵人，开始了与奔驰分庭抗礼的历程。而1936年在柏林车展上，BMW326的惊艳亮相在不负众望地吸引人们眼球的同时，也为宝马争得了一大批高端客户。这种Touring Car在今天统称为三厢式四门房车，是宝马在30年代最得意的作品，而16000辆的总销售量，在上世纪30年代的汽车市场上，也足以让宝马扬眉吐气了。

　　空中飞鹰转世后挨过第一次世界大战的炮火，艰辛地前进，好不容易进入黄金般的30年代，发展一日千里。继BMW326后问世的BMW328及随后的BMW327都反响热烈，宝马当时的系列车几乎可以满足顾客每种品位的需求。

　　就在宝马发展得如火如荼的时候，第二次世界大战的到来又让它重操旧业，重返前世，做回了蓝天白云的密友，也又让它经历了一个升起落下的轮回。

　　宝马良好的蓝天记录让它再一次成为德国军方不可放弃的合作伙伴。到1939年，宝马公司已经广泛参与德军一系列高级军事技术项目，重点当然还是宝马擅长的发动机研发，当时的飞行器开发、喷气式飞机引擎和火箭引擎都烙上了宝马的印

记。当然，这一与德国军备有关的记录也成为宝马最受争议的部分。凭借宝马优秀的发动机技术，德国福克沃尔夫战机成为二战期间最出色的战斗机之一。20000架的数字让人联想到血腥无情的杀戮，它强大的杀伤力使盟军视其为眼中钉、肉中刺，必除之而后快。于是，宝马提供的这款强悍引擎就成了德军的荣耀、宝马的毒药。

良禽择木而栖，反之，助纣为虐者必被惩罚。1944年7月的一天，对宝马而言是暗无天日的一天，参与战争的代价是惨痛无比的。那一天，近12000枚炸弹准确而毫不留情地投掷在宝马位于慕尼黑的生产基地。宝马似乎与飞鹰无缘，每一次的升空都折翼而返，也许，这是神在提醒智慧的宝马——你属于陆地，你是陆地的神马。

第二次世界大战给宝马带来的重创，让宝马难以在短期内修复，宝马用了整整7年的时间重整旗鼓。因为定位准确，宝马再次在豪华车的阵营里立足，并且在商界奇才的领导下逐渐成为豪华车界的翘楚。

今生今世，宝马行进在绵延无尽的公路上，或许不都是坦途，然而宝马必将携呼啸长空之势一往无前，让每个英雄为之倾倒，每个车迷为之侧目。

今天，当宝马的身影出现在你的视野，那蓝天白云的清澈一定会让你眼前一亮！

第二节　最炫民族风

对产品质量来说，不是100分就是0分。

——松下幸之助

　　时下常说"只有民族的才是世界的"。人们对这句话的理解各有不同，但有一点不会有人否认，那就是只有带有民族烙印的才会被世界认可，才会被传承，才会经久不衰。

　　德国的"民族风"是什么呢？在当下如此发达的商业时代，商品、物资流通已经没有国界，德国最炫的莫过于"made in Germany"。"德国制造""德国出品"如今已经成为"安全""质优""先进"的代名词，小到螺丝钉、炊具，中到家用电器，大到汽车、重型机械，只要是打上"made in Germany"的标签，就会有一大批忠实的消费者趋之若鹜。

　　"德国制造"的竞争优势不在于价格因素，质量、技术、解决问题的专有技术、产品性能的可靠性、供货的可靠性及售后服务等各个因素整合在一起把德国产品推上了神坛。

　　宝马降生在德国，把品质视为生命，把科技视为灵魂，这与德国的文化环境、历史命运密不可分，德意志的精神里包含着知耻而后勇的自尊与自强。

有谁知道今天的品质保证、信誉王牌的"德国制造"也曾有过一段不堪回首的往事。

1871年德意志帝国在法国凡尔赛宫宣告成立，当时世界市场几乎被英法美等列强切割完毕，不甘心屈居人后的德国人为了虎口夺食选择了"模仿"道路。他们选择热门产品，仿造英法美等国的设计，弄虚作假，以低廉的价格冲击市场。这些仿造品没有创意，没有技术含量，甚至连产品的质量都不能保证，因此德国产品被戴上了"厚颜无耻"的帽子。更有甚者，在1887年8月23日，英国议会竟然通过了一条带有强烈侮辱色彩的商标法条款，即规定所有从德国进口的产品都必须注明"Made in Germany"，目的是将劣质的德国产品与优质的英国产品区分开来。

8月23日成了德国商界的耻辱日。德国人没有把落后归咎于被殖民的命运上，而是在逆境中冷静地反思，怨人不如自怨，求人不如求己。为了摆脱这种耻辱，德国人奋发图强，在科技、教育领域大量投资，渐渐去掉了"德国制造"中的贬义，而且不仅使"德国制造"与"英国制造""美国制造"比肩，更是逐步超越了当年趾高气扬的大英帝国。

每个德国商人都会牢记历史上的污点，无论做什么，他们都把质量保证与科技含量当作最重要的标准。宝马公司是德国汽车界的后起之秀，公司成立之时，梅斯德斯-奔驰早已成为汽车界龙头。两位德国人卡尔·奔驰和戈特利布·戴姆勒被称为世界汽车之父，他们在1886年1月29日获得，世界上第一辆汽车的专利权。卡尔·奔驰和戈特利布·戴姆勒的合作可谓天作之合，强强联手，有着这样丰厚行业资本的戴姆勒公司在汽车领域的发展自然顺风顺水。自戴姆勒汽车公司出品了世界上第一辆以梅赛德斯为品牌的轿车开始，奔驰汽车就成为汽车工业的楷模。

"不想当将军的士兵就不是好士兵"，没有一个发动机公司不想涉足充满挑战的汽车领域，宝马公司的创始人也如此。汽车虽然是最便捷的交通工具，作为趋势也一定会普及起来。但是德国领土面积有限，当时的经济环境更容不下太多的汽车制造厂，而且还有世界领先的汽车制造厂横亘在面前，那些新兴的汽车制造厂想要发展起来更是难上加难。

宝马公司的创始人知道前路艰难，但是他们旗帜鲜明——"一定要做到最好"，他们知道只有做到这一点，他们的汽车梦才可以实现。宝马说到做到，就拿宝马起步的双轮摩托车来说，宝马R32一出场就技压群雄。当时世界上绝大多数摩托车生产厂家都用链条式传动装置，而宝马R32却使用了硬轴式传动装置，这种技术在近百年后的今天仍然是先进的，

这项技术一直被沿用到今天。可是，即便摩托车市场很快被宝马攻克，宝马公司也没有在仓促之间推出自己的汽车。一方面是战争后遗症的副作用，一方面是德国本土的对手奔驰实力太强大了。

20世纪20年代末，宝马另辟蹊径，决定先从小型车开始入手，宝马期待着自己出品的小汽车能像他们的摩托车一样一飞冲天。他们用了借鸡生蛋的策略，通过与英国老牌汽车制造商Austin谈判，申请借用Austin的资格制造宝马汽车。不久就生产出英德混血汽车Dixi315 PS DA1。因为它的原型车是Austin Seven，所以新车的名字后面的DA字样意指德国制造。在这个混血儿Dixi身上最大的变化就是汽车的心脏被更换——宝马为柔弱的老Dixi安装了有着自己特色技术的发动机。

宝马汽车不鸣则已，一鸣惊人。全新的德国版Dixi315 PS DA1一问世，就受到了众多德国消费者的欢迎，宝马凭借着自己的科技实力和准确的定位走上了德国汽车制造业的舞台，翻开了宝马汽车制造史的第一页。1929年8月，是宝马的光荣日。宝马刚刚推出的BMW 3/15PS赢得了长达2650公里的Alps五日国际巡回赛奖杯，望着那尊闪亮的冠军奖杯被名不见经传的一辆小车夺走，整个赛车界沸腾了。德国媒体《汽车杂志》在回顾该届赛事时这样评价宝马的成功："BMW以不可思议的成绩震惊了整个赛车界。作为新来者，BMW以一种令人惊叹的方式让全世界认识了自己。"

作为新秀，BMW的表演获得了巨大的成功。其实，技术领先、厚积薄发的宝马有足够的理由去收获，所以一切水到渠成。

在宝马公司的汽车制造史里，有欢乐也有悲伤，欢乐的理由很多，悲伤的理由也不少。值得称道的是，没有一点悲伤来自于宝马的质量与技术，宝马无愧于"德国制造"。

在德国的民族风炫舞世界之时，宝马无疑是"德国制造"这支劲舞中最有力的舞者。

第三节　如果可以再坚强一点

> 失败也是我需要的，它和成功对我一样有价值。
>
> ——爱迪生

"坐奔驰，开宝马"，全世界都流行这句话。宝马是怎么从慕尼黑的市郊开到世界各地的呢？因为宝马公司群英荟萃，他们为宝马强身健体，他们为宝马装配鞍鞯，他们为宝马鸣锣

开道，他们给宝马注入无限生机，造就了一个了不起的世界品牌。

宝马群雄每个都非同凡响，有人笑到最后，有人落寞离开，与宝马一起上演了一幕幕精彩大戏。

与一介女流薛宝钗相比，宝马公司技术奠基人吉斯坦·奥托的悲剧人生让人扼腕叹息。那个在少年时代就梦想着出人头地的机械天才可谓占尽天时地利，最后却含恨自尽。他似乎在说"这个世界不是为我准备的"，可是这句话太苍白了。与他同时代的美国人唐拉德·希尔顿也经历了战争和经济危机，但是他们的结局却完全不同，这两个站在巨人肩膀上的人一个忧愤地倒下，一个坚强地站立，孰是孰非自有定论。

1883年，一个男孩儿出生在德国巴伐利亚州，名叫吉斯坦·奥托。他是一个机械大师的儿子，因为他们父子，巴伐利亚州的机械技术在德国声名远播，同时也给了一个世界汽车名牌可遇不可求的高贵血统，这个幸运的品牌就是"宝马"。

吉斯坦·奥托的幸与不幸都与他那个赫赫有名的著名机械工程师的父亲尼古拉·奥托息息相关。从出生起吉斯坦·奥托就被父亲的光环笼罩，他一直希望摆脱父亲加诸在自己身上荣耀。尼古拉·奥托是世界第一台四冲程内燃机的制造者，有人说这一发明影响了近代工业的发展。这么说一点也不为过，他的发明在卡尔·奔驰的手里演变成了神奇的汽车马达，对世界汽车事业的发展起到了至关重要的作用。这样一个世界闻名的爸爸让小小的男孩儿怎么超越呢？

吉斯坦·奥托身上很早就表现出关于机械研究方面的天赋，他不仅热爱机械研究而且颇有心得，很小的时候就能改良航模的发动机，堪为天才。初中时代的吉斯坦·奥托就组织了航空俱乐部，与同学们一起制造航模，希望有一天能在飞行竞赛中夺得魁首。

但是这个天才少年一点也不快乐，他总是静静地坐在那里，看着蓝天发呆，他的发动机究竟能带着他的梦想飞多高呢？就在吉斯坦·奥托10岁的时候，莱特兄弟揭开了人类飞向天空的崭新篇章，他们成功地飞行了260米，这个数字对于人类而言无疑是个奇迹。从那一刻起，人类的空间变得无限广阔，而航模少年的梦也被插上了翅膀。

1909年的8月，法国兰斯主办了一场盛大的飞行集会，来自欧洲各国的飞行员们不断创造着新纪录。在多种飞行纪录的背后，深谙人类本性的政客和军人们同时意识到了航空事业与国土安全已经捆绑在一起了。一时之间，飞行成了年轻人争先恐后掌握的技能。吉斯坦·奥托当然也在其中，他花了2000马克的学费拿到了飞行执照，并在飞行比赛中把各种奖项收入囊中，自己驾驶飞机比当初遥控航模刺激得多，那么驾驶自己设计的飞机一定比驾驶别人设计的飞机更让吉斯坦兴奋。

超越前人、认识自己是每个人内心最隐秘也是最强烈的欲望。如同小仲马为了证明自己不仅仅是大仲马的儿子，更是一个优秀的作家一样，直到《茶花女》问世震惊法国文坛，他才向世人表明自己是大名鼎鼎的大作家大仲马的儿子。人们在感天动地的爱情悲剧中，泪眼模糊地把鲜花与掌声献给了小仲马。

吉斯坦要让更多的人知道他的发明，让更多的人明白他不仅仅是发明家的儿子，他本身就是最伟大的发明家。凭借自己的飞行经验，吉斯坦·奥托在父亲发明的基础上研制了一种新型航空发动机，比传统发动机的功效高出很多。

在1913年，而立之年，在这种证明自我的欲望驱使下，带着几分狂狷的吉斯坦·奥托与朋友在慕尼黑北部的奥林匹克区创立了一家机械制造厂，除了制造航空发动机以外，他还生产流线型的双翼侦察机。因为第一次世界大战的爆发，吉斯坦·奥托的飞机很快在战争中发挥了作用。

吉斯坦·奥托工厂生产的飞机被德军用在了战场上，飞机的性能非常好，深受德军欢迎。但毕竟吉斯坦·奥托涉及的领域太高端，飞机用在战争中本就是新尝试，技术还不够成熟，至少还不够经济，争分夺秒的战事对于时间有着苛刻的要求。这让小奥托承受着巨大的压力，他没有足够的时间研究，也没有足够的金钱开发，即便是终日思考也无良策。而雪上加霜的是他的同行卡尔·斐德利希·拉普一直在努力用丰富的经验把他的梦踩碎。两年间，原本就忧郁的吉斯坦·奥托更加忧郁了，他的健康出现了严重的问题，1915年他已经不得不到精神病院接受治疗。

杰克·莎柏奴，是戴姆勒奔驰公司的股东之一，非常富有，对吉斯坦·奥托的技术也很感兴趣，所以当吉斯坦·奥托走投无路找到他的时候，他欣然应允了出资入股。1916年3月7日两人的新公司诞生，名字为巴伐利亚飞机制造厂，德语为Bayerische Flugzeug Werke，简称为BFW，这一天也被宝马公司看成是公司的创始日，这个BFW就是日后BMW的婴儿期。

为了满足德国军方的需要同时也增强与对手的竞争力，吉斯坦·奥托不得不以丧失公司独立性为代价与杰克·莎柏奴合作。这样小马拉大车式的公司运作让吉斯坦焦头烂额，在资金雄厚的杰克·莎柏奴面前，吉斯坦总有寄人篱下的自卑感。贫穷是可怕的魔鬼，因为资金不足，尽管吉斯坦是公司的发起人，但是技术股份终究比不上真金白银的现实作用，杰克·莎柏奴很快喧宾夺主，成了BFW的实际领导人。BFW被变相吞并，这让高傲的吉斯坦·奥托感到极度不平衡，他不甘心在新工厂里继续奋斗，所以没能忍辱负重蛰伏下去，而是又另起炉灶建立了一家新公司，没过多久，吉斯坦·奥托就退出了BFW。就这样，一个为宝马早期技术开发做出卓越贡献的天才

工程师只能悲壮地与宝马说再见了。

由于德国是第一次世界大战的战败国，《凡尔赛条约》规定德国禁止生产作为"战争武器"的飞机，一直与德国军方合作的BFW失去了一大批订单，公司财务也随之出现严重问题。最后吉斯坦·奥托被迫出让公司的全部股份。

1926年，43岁的吉斯坦·奥托在生意失败、婚姻结束和健康恶化的多重打击下，选择了一条最短的回家之路，他的自杀令世人唏嘘。但愿这个可怜的天才在另一个世界能得到些许安慰，因为有着他心血的宝马已经举世闻名或说无人不晓，而且宝马从来都没有忘记他。他应该与小仲马一样，也收到了专属于他的鲜花和掌声，虽然这份荣耀一个在生后，一个在生前，然而都足以告慰他们的灵魂。

其实吉斯坦·奥托远比一般人幸运得多。不是谁都有一个发明家爸爸，也不是谁都有钱去学开飞机，更不是谁都能开办工厂去开创事业的。有多少人一穷二白出身最终盆满钵满，又有多少富二代成为败家子。成功者的性格或许各不相同，但是一定有一点是相同的，那就是坚强执着、绝不轻言放弃。吉斯坦·奥托占尽天时地利，虽然不尽人和，但毕竟不是孤军奋战，但最后他悲剧收场，这是一个深刻的教训，他让我们知道只有梦想是不够的。

如果可以再坚强一些，伟大的机械设计师吉斯坦·奥托留

在史册的名字前面或许会多一个修饰语：BFM公司创始人与总裁。或者我们换个角度想一想，吉斯坦·奥托给自己的角色定位是不是出现了问题，他是一个天才机械设计师，但不定是一个天才管理者，如果他把他的技术天赋发挥出来，只做一个纯粹的机械设计师，他的成就就不仅是宝马公司的技术奠基人，可能还会超过他爸爸在发动机设计上的成就，成为一代宗师。

遇到挫折，我们能做的有很多，但是我们不能做的只有一点，那就是不能轻言放弃。坚强地面对现实，珍惜拥有的一切，尤其是站在巨人肩头，我们没有权利倒下去。

第四节　假如判断再准确一些

> 世上最无谓的事就是按钟声安排自己的
> 行动，而不按照正常的理性与智慧的裁夺。
>
> ——拉伯寺

假如判断再准确些是不是就没有了悲剧。每个失败者的经历都是一本厚重的大书，字里行间写着的是失败的原因，就看你能不能读出来变成自己成功的筹码。卡尔·斐德利希·拉普的失败史就写着：不要好高骛远，不能盲目扩张，在做决定之前看看自己的钱包和市场的需要。

其实，业界公认BMW的创始人是卡尔·斐德利希·拉普（Karl Friedrich Rapp）。就在吉斯坦·奥托开始创业的1913年，卡尔·斐德利希·拉普利用慕尼黑近郊设立了拉普发动机制造厂，把一个制造脚踏车的工厂厂房变成了与飞机有关的梦工厂。

卡尔·斐德利希·拉普与吉斯坦·奥托缘分颇深，他们双方的梦工厂仅一墙之隔。这是他们与宝马有不解之缘的一个原因，慕尼黑也因为他们有了世界上最著名的汽车工厂，然而当初他们的关系并不和谐，应了中国那句老话：同行是冤家。

与年轻气盛的吉斯坦·奥托相比，卡尔·斐德利希·拉普显得老练很多。他虽然没有吉斯坦·奥托的飞行经验和非凡的创造力，但是他也并不是凡夫俗子。在建厂之前，卡尔就是一家飞行器公司的首席工程师，而吉斯坦·奥托在建厂之前曾是卡尔飞行器的代理商。

"吉斯坦·奥托不过是我从前的代理商。"卡尔·斐德利希·拉普经常这样说，似乎这样说就能把自己的发动机技术提高到古斯坦·奥托的水平之上。

一老一少同时创业，又在同一个领域里，让他们无视近在咫尺的对方是不可能的，卡尔·斐德利希·拉普的飞机引擎制造厂与吉斯坦·奥托的飞机制造厂展开了激烈的竞争。吉斯坦·奥托在技术上占有优势，卡尔·斐德利希·拉普在经营上经验丰富，两家飞机制造厂的竞争达到了白热化程度。

卡尔·斐德利希·拉普必须悲哀地承认吉斯坦·奥托的发动机技术水平比自己高出很多。吉斯坦·奥托出身名门，且对发动机设计颇有建树，他们的发动机深受德军欢迎，安装在战斗机上之后就像给最凶悍的雄鹰又增加了一对翅膀。卡尔·斐德利希·拉普想要超过吉斯坦·奥托就不能硬碰硬地用技术对抗，他千方百计地签下了一份替戴姆勒航空发动机代工V12发

动机的合同，并通过银行贷款扩大生产规模。但适得其反，卡尔·斐德利希·拉普的计划没能如愿，盲目扩张导致卡尔·斐德利希·拉普陷入财务危机，产销不能协调。

1917年，卡尔·斐德利希·拉普壮志未酬，却不得不失意地离开他的梦工厂，他一手创立的公司被奥地利工业大亨约瑟夫·帕普接管。不久之后，卡尔·斐德利希·拉普这个巴伐利亚发动机制造厂的第一任厂主抑郁而终。

1917年7月，约瑟夫·帕普将工厂改名为巴伐利亚发动机有限公司，德语为Bayerische Motoren Werke GmbH，缩写为BMW，帕普出任公司总裁。帕普也想不到，他接手的这间公司日后能名扬四海，公司的名字能成为世界上最有价值的品牌。

当时正值第一次世界大战期间，BMW是军需供应商，为了保证数量，BMW在市郊一个军用机场附近建立了大型的工厂，为军方提供军用飞机引擎。1918年8月13日，BMW改制为股份公司形态，名字为Bayerische Motoren Werke AG，缩写仍为BMW。

但是让卡尔·斐德利希·拉普与吉斯坦·奥托万万没想到的是几年之后BMW与BFW合并了。卡尔与吉斯坦基础不一样，起点却一样，这两个同年建厂的邻居同行在激烈的竞争中走向两败俱伤，但他们的心血却凝结在一起，成为今天的宝马。

在追溯宝马公司历史时，宝马公司的官方说法是把1916年3月7日BFW的创厂时间作为宝马的生日，或许这源于吉斯坦·奥托倾注在发动机上的心血，这也是宝马最宝贵的科技资本，巴伐利亚州那个发明家的儿子用他超凡的技术在宝马发展史上写下了重重的一笔。

吉斯坦·奥托和卡尔·斐德利希·拉普不知道能不能接受这个看似荒诞不经而又合情合理的双剑合璧，他们能否在天堂一笑泯恩仇。这两个宝马的功臣，一个泣诉出师未捷身先死，一个慨叹既生瑜何生亮，在这两个悲剧落幕后，我们将看到一幕喜剧开始上演。

吉斯坦·奥托和卡尔·斐德利希·拉普让人想起那个预言故事。

有两个饥饿的人甲和乙，他们很幸运，在一位好心人的帮助下得到了一根鱼竿和一篓肥美的大鱼。很正常的，他们一人分得了一样，甲要了鱼，乙则拿到了鱼竿。拥有了鱼还犹豫什么？甲迅速拾来柴火支起一口大锅开始煮鱼，乙则拿起鱼竿去找有鱼的河流。甲的鱼很快就吃光了，因为再也没有人给他东西吃，结果他饿死在鱼篓旁边。而乙手里的鱼竿越来越重，他拖着比鱼竿还沉重的脚步来到河边的时候再也走不动了，看着河水缓缓流淌，他的生命也渐行渐远，他倒在了河边再也没有

站起来。

　　同样有两个饥饿的人丙和丁，同样有好心人赠予一篓肥鱼和一把鱼竿，但是丙和丁的选择不是分道扬镳，而是选择共同进退，他们靠肥鱼维持体力一起去找有鱼的河流，终于在鱼快吃完的时候找到了一条大河，最后他们有了吃不完的鱼。

　　现实中的吉斯坦·奥托和卡尔·斐德利希·拉普显然是甲和乙的关系，他们把对方当作了陌路人，没有相互扶持。奥托的技术就是鱼竿，而拉普的经验就是肥鱼，他们各自谋生，在残酷的竞争中势必双双倒下。其实，发动机市场也好，汽车市场也好，都有很大的发展空间，奥托和拉普两家公司合在一起也不可能吃完市场里所有的鱼，可是他们不应该把双方变成了敌人，酿就了一杯苦酒。

　　如果时间可以倒流，吉斯坦·奥托和卡尔·斐德利希·拉普的关系不是竞争对手而是合作关系，宝马的历史又会怎样呢？

第五节　火之燎原，不可向迩

　　一个人若是没有热情，他将一事无成，
而热情的基点正是责任心。

　　　　　　　　　　　　——托尔斯泰

　　一个品牌的发展犹如一幅画卷，只有痴情的画师笔耕不辍，才能把这幅画卷延续下去，否则这幅画就只是一个片段，而不会成为鸿篇巨制。宝马有今天的壮丽图景就是因为一路上总是有最优秀的画师前仆后继地用真诚和勤奋续接美丽。

　　"若火之燎于原，不可向迩。"是《书·盘庚上》的一句名言，曾被广泛地运用在各个领域，用来形容开始微弱后来兴盛的情形。其实这里的"火"就是希望，就是一个梦，只要不放弃，这火苗就是火种，一定能燃烧起来并成燎原之势。

　　宝马的工程师在世界上以多并好著称，这也是宝马生命力不竭的一个秘诀。吉斯坦·奥托把宝马托到云端，而那些后继者的高度丝毫也没有降低，即便是被迫沉寂，宝马的设计师也不会忘记自己的使命。宝马能有今天真的要感谢那些不断创新

科技和不肯放弃的设计师们，恩斯特·卢夫就是其中一位，是他保留了宝马的火种，对宝马的崛起起到了至关重要的作用。

恩斯特·卢夫自己也不知道他能在宝马发展史上起到承上启下的连接作用。那一年宝马因为参与战争，被盟军的炮火毫不留情地轰炸，之后还被勒令禁止生产一切可能用在战争方面的机械设备，恩斯特·卢夫不得不卷着铺盖离开慕尼黑。他走的时候心情灰暗，不知道哪一天还能重返慕尼黑，那个曾经为德军提供最厉害的空中装备的工厂已经面目全非，那个为德军提供十几万辆摩托车的工作单位现在连生产一辆自行车都困难了。

失败的公鸡总是无精打采，获胜的另一方就会趾高气扬，英国和美国作为战胜国，名正言顺地把战争"帮凶"宝马的技术拿走了，包括他们最为欣赏的BMW328的图纸和设备。他们把BMW328带回本土，没做什么修改就生产出来并投放到了市场，他们太怀念BMW328带来的刺激了。

BMW328是1936年宝马公司推出的一款极具运动感的汽车。

"看，那是BMW328！"BMW328最高80hp的马力输出和大约150 km/h的极限速度，像一头迅猛的猎豹从你身边飞驰而过，让你不由自主地发出尖叫。要知道，当时大部分汽车只能把150 km/h作为一个追求目标。

20世纪30年代中期由BMW328开启的宝马跑车时代是奇妙无比的，BMW328的那种盛气凌人让奢靡的英国贵族和狂野的美国牛仔总是念念不忘。

这款动感十足的BMW328是宝马的瑰宝，战前它让宝马信心十足地四处征战，它甚至在米兰、意大利等素有跑车王国之称的国度也毫无畏惧之色，每每交上最佳的成绩单。战后BMW328的魔力使英国人和美国人争相对它继承和开发，在宝马公司在淡出后人们对其昔日的风采也没有片刻的忘怀。

困兽犹斗，宝马的荣耀是宝马工程师奋斗的动力，他们不能对英国人和美国人的照单全收坐视不理，BMW328是德国的骄傲，是宝马的专利。英国、美国对BMW328的热情之火自然也要燃烧到原本就是BMW328主人的宝马设计师们身上。

恩斯特·卢夫就是BMW328的设计师之一，他忘不了BMW328开发出来时心中的狂喜，也忘不了BMW328在赛场上引起的疯狂，他必须要为自己和BMW328做点什么。

恩斯特·卢夫对宝马一片痴情，却没有被这种感情冲昏头脑，深思熟虑后他选择了一个对于宝马蛰伏非常有利的地方——德国南部的一个靠近黑森林的小镇巴登巴登。

恩斯特·卢夫选择巴登巴登的理由一个是因为那里地理位置好，气候宜人，边城小镇宁静平和，战争的阴影在那里灿烂的阳光下和清新芬芳的花草气息中容易被驱散掉，有着休闲

疗伤作用的温泉对舒缓失意宝马人的情绪有着绝好的作用。另一个原因恐怕就是在这个地方宝马曾获殊荣，这里有着宝马美好的记忆，人们认识宝马的神勇就在这个让人神醉的地方。风光无限的小镇巴登巴登真是宝马的福地，宝马1932年时推出的BMW3/20 PS是第一辆宝马自制的汽车产品，当年就出人意料地获得在巴登-巴登（Baden-Baden）举行的优雅汽车展（Concours d'Elegance）的优胜奖，宝马以纯正血统第一次登场就打了一个漂亮的胜仗。

几个BMW的老工程师和恩斯特·卢夫并肩作战，他们沿用BMW328的零部件开发出了一系列最新式的跑车，怀旧的恩斯特·卢夫把他的宝马系列车命名为维利塔斯。就像巴登巴登与巴伐利亚地理交界一样，相连的土地难以分割，恩斯特·卢夫的汽车也与宝马藕断丝连。

恩斯特·卢夫团队设计的维利塔斯奔驰在德国的公路上，在清风旭日温泉林边悠然的环境中出生的维利塔斯，在性能上却一点也不含糊，它既能驰骋赛道，也能在公路上狂奔。人们一看到这辆漂亮的小车就想起了战前的宝马，一声声尖叫和一阵阵兴奋的口哨唤醒了人们对战前宝马的全部记忆。

"我们想要宝马！"人们大声喊道。

在宝马的功名册上，恩斯特·卢夫的名字一直清晰。20世纪50年代，宝马浴火重生，旧部臣子纷纷归队，重情重义的

恩斯特·卢夫自然也回到了宝马总部，帮助公司重建汽车制造部。

巴登巴登因为与宝马的特殊关系，今天一直被宝马车迷朝拜。那个宁静的、20分钟能让人忘了全世界的美丽城市，让宝马迷们真正感受到了蓝天白云下任思绪自由飞翔的快意，也让宝马迷们深深地体会到宝马车标上蓝与白的魅力。

如今的维利塔斯系列汽车已是收藏珍品，它的确值得珍藏，不仅因为技术，更因为一份真情。宝马人不会忘记，曾经有一个设计师在宝马失意颓败的时候，选择了一个美丽的地方，做了一件美丽的事。

当天黑夜来临的时候，让我们在心底点亮一盏灯，在荒野里燃起一簇火，那光虽弱，但是一定能让志同道合的人们集结而来，每个人都献出一点光、一簇火，光明和温暖就会照彻寒夜。

第六节　听命于自己

> 意志是每一个人的精神力量，是要创造
> 或是破坏某种东西的自由的憧憬，是能从无
> 中创造奇迹的创造力。
>
> ——莱蒙托夫

自己的心是人生十字路口最重要的路标，听命于自己，这一生都不会后悔。

"千淘万漉虽辛苦，吹尽狂沙始到金。"宝马今天的坚挺是宝马先驱历尽艰辛铸就的。

今天的宝马雄姿英发，50多年前它却濒临绝境，差一点就成为梅斯德斯-奔驰的一个部件加工厂，永远沉没下去。幸好，它遇到了二次生命赋予者——赫尔伯特·科万特。

第二次世界大战无情地摧毁了宝马朝阳一般灿烂的前程。宝马的工厂变为废墟，生产汽车和飞机的资格再度被禁，宝马也因此陷入了瘫痪状态。这一战使宝马元气大伤，一时之间难以复原。从1944年工厂被炸，到1961年真正的东山再起，宝马一共用了17年的时间。17年间，宝马经历的是超乎寻常的磨难。在二战后1954年到1959年，这5年间是德国汽车工业恢复的黄金期，德国汽车产量翻番，宝马却蒸发了5000万马克。上个世纪50年代的最后一年，宝马似乎走到了路的尽头。

1959年是宝马穷途末路的一年，也是宝马时来运转的一年，因为赫尔伯特·科万特这个视力欠佳但商业嗅觉敏锐的富有商人看中了宝马。

德国的汽车行业尽管一直由奔驰领跑，但是奔驰也不敢掉以轻心，尤其是对在技术上有绝对实力的宝马。多年来，他们一直观察宝马的动向，希望找到机会吃掉这个潜在的对手。他们看着宝马像一个病人一样气若游丝，只是偶尔露一下英俊的面庞。可他们仍忌惮宝马的先进技术，因为技术是高山雪莲，也是千年人参，只要发挥了效力，宝马就会精神焕发。所以就在宝马公司摇摇欲坠的时候，奔驰决定限期收购宝马，让宝马永无翻身之日。

生存还是毁灭？宝马召开了历史上最有意义的一次股东会议。

两位强烈反对奔驰收购交易的小股东奔走呼号，适逢宝马召开股东会议。在会上，中小股东方的代理律师成功找到法律依据，使一个一般只有形式意义的一个条款成为现实的案例。这名律师找到了宝马公司财务报表上的漏洞，这样，只要有10%的少数表决权就能决定股东大会延期。股东大会上大小股东们进行决议投票，投票结果显示有超过10%的股东持拒绝态度，所以大股东们的决议不能通过，这样宝马挨过了奔驰公司的最后通牒时限，暂时安全了。可这时的宝马依旧临深渊而行，再也经不起一点风雨了。

上天眷顾那些坚守自我、永不放弃的人。公司的两个小股东顽强抵抗、视死如归的气概，打动了当时德国著名富商家族第三代传人赫尔伯特·科万特。一向恪守家族信条从来理智冷静的赫尔伯·特科万特就像中了魔法一样，他不顾亲人和朋友的反对，大胆出手，发疯似的购进了不断下跌的宝马股票，终于以最大股东的身份接管了只有一线生机的宝马公司。

豪赌的诱惑就在于有机会一夜暴富，但是一掷万金、甚至拼掉身家性命的豪赌并不是寻常人能够承受的，赫尔伯特·科万特的勇敢与激情得到了回报。宝马在商业奇才的带领下，把天山雪莲从冻土地带挖掘出来，把千年人参从深山中寻觅出来，终于，BMW1500系列因为过硬的发动机技术于1961年使宝马公司起死回生。

"It's kind of fun to do the impossible." 即"做不可能的事情是一种欢乐。"迪士尼动漫公司创始人华特·迪士尼如是说。赫尔伯特·科万特应该会有同感，在被称为自杀式投资的两年以后，宝马重新站起来了，这一站就是几十年，再也

没有倒下去。

听命于自己，宝马的小股东做到了，大股东赫尔伯特·科万特也做到了，他们都做对了。

培根说："深窥自己的心，而后发觉一切的奇迹在你自己。"建立在准确判断基础上的自信是一个人获得成功的心理保障。日本著名指挥家小泽征尔在一次国际指挥大赛上的表现就是对这种自信的最好诠释。当时，小泽征尔顺利晋级决赛，他被安排在最后一个出场。他接到了评委给他的一张乐谱，他稍事准备就开始指挥乐队进行演奏。可是他总是觉得有不和谐音存在，他让乐队停下来重新演奏。乐队重新来过之后，小泽征尔仍觉得有问题，但他认为错误不在乐队方面，应该是乐谱的问题。他向在场的作曲家和评委会说出了自己的看法，但是那些权威人士都郑重地声明乐谱绝对不会有问题。小泽征尔沉默了一会儿，他看了看乐谱，又回顾了一下刚才的演奏，他坚信自己的判断是正确的。

"我肯定是乐谱错了！"小泽征尔大声地说。

小泽征尔的话音刚落，他发现片刻前还言之凿凿说乐谱没错的评委们突然改变了态度，他们都站了起来向他报以热烈的掌声。原来，这个小小的错误就是这次大赛的考题。能参加世界顶级指挥大赛的选手在专业方面自然无可指摘，但是能够在评委面前坚持自己的判断，有这份过人自信的人才是真正的无

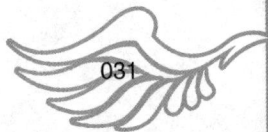

懈可击，才是真正的指挥家。所以，小泽征尔毫无争议地获得了大赛的冠军。

当年赫尔伯特·科万特在孤注一掷挽救宝马的时候，身边的好友都是商场上的精英，他们全部都反对赫尔伯特的冒险行为，可是赫尔伯特还是在权衡利弊之后做出了自己的决定，最后他在汽车界得到的奖赏绝不亚于小泽征尔在指挥界的所得。

第七节　不能没有掘金人

> 这个世界需要的是一位真正具有灵感的、勇敢的杰出领袖。
>
> ——刘易斯

绝对的信任是一把金钥匙，它打开的是人的心灵之门，然后通向一条黄金铺就的通天大路。真正的贵族则能坦然地做到：走自己路让别人去说吧！

宝马是一个金矿，赫尔伯特·科万特慧眼识珠买下了他的开采权，埃伯哈德·冯·金海姆则是一个地质学家，是他把黄金源源不断地开掘出来。

赫尔伯特·科万特作为科万特家族中最具商业头脑的人，家大业大的情况下也不能事必躬亲，他当初接手的宝马又是那样的混乱低迷，他用尽心思地确保宝马走上正轨，但是他太累了，最好的办法就是找到一个可靠的、能干的人为他分忧。在合适的时候遇到对的人是可遇而不可求的，当年宝马遇到赫尔伯特·科万特是宝马的幸运，而赫尔伯特·科万特等待埃伯哈德·冯·金海姆出现并成熟，足足用了10年。但这样的等待是值得的，在埃伯哈德·冯·金海姆的管理下，1992年，宝马实现了追上并赶超最强劲的对手梅赛德斯-奔驰的伟大理想。

　　1929年，一个男孩儿在东普鲁士的一个世袭贵族之家降生了，他的名字叫埃伯哈德·金海姆，名字中间当然不能缺少标志着贵族血统的 "冯"字，从此埃伯哈德·冯·金海姆就开始了他漫长而辉煌的一生。

　　长大后的埃伯哈德·冯·金海姆从家里带走的最重要的东西就是贵族气质，他那标准的德国贵族发音和绝对自信的心态使他具有了最不可能模仿的领袖风范。在众多有着"冯"的贵族标志的德国年轻人中，埃伯哈德·冯·金海姆应该是最无愧于这份家族馈赠的人。宠辱不惊，无论他在宝马的地位有多高他都从不炫耀，当大家不怀好意地说他只是科万特家族的打工仔时，他也从不愤怒。

埃伯哈德·冯·金海姆靠着打工赚来的钱读完了大学并获得了硕士学历。毕业后，埃伯哈德·冯·金海姆进入德国汉诺威的马克斯·米勒机械加工工具公司，在那里的11年，他担任过生产与销售工程师，离开的时候担任着技术经理的职务。也就是说，在这里，这个年轻人基本见识到了一件产品从生产到出售再到不断创新超越的全过程。

36岁那年，埃伯哈德·冯·金海姆进入科万特集团，在赫尔伯特·科万特的弟弟哈拉尔德·科万特的手下负责协调集团的技术事务。已有的经验和个人的天赋相得益彰，很快埃伯哈德·冯·金海姆就脱颖而出，他出色的工作能力和工作效率不仅得到了同事的认可，也得到了哈拉尔德·科万特的赞许。那时的埃伯哈德·冯·金海姆还没进入到集团真正的霸主赫尔伯特·科万特所带领的高级管理圈，可是，赫尔伯特·科万特最终还是发现了优秀的埃伯哈德·冯·金海姆。

宝马重用冯·金海姆可以说是偶然，又可以说是必然。说偶然是因为一个事故让赫尔伯特提前注意了到冯·金海姆，说必然则是因为以冯·金海姆的能力总有一天会让赫尔伯特为他驻足。

1968年，冯·金海姆的顶头上司——爱冒险的哈拉尔德·科万特在一次飞机失事中不幸遇难，45岁的哈拉尔德去世后，留下了年纪尚小的五朵金花。赫尔伯特与弟弟感情非常好，当年购买宝马股票时尽管最初哈拉尔德不同意哥哥冒险，但是后来唯一用实际行动支持赫尔伯特的人就是哈拉尔德了。现在自己的兄弟英年早逝，作为兄长，在最困难的时候赫尔伯特必须接过哈拉尔德留下的事业，直到弟弟的家人有能力接过去。就这样赫尔伯特发现了在哈拉尔德手下表现突出的埃伯哈德·冯·金海姆。

当时的宝马公司在汽车领域已经颇有影响力，由于宝马和奔驰的特殊关系，它的较量一直没有停止过。赫尔伯特早就想找一个年富力强的接班人，但这件事太过棘手。虽然手下兵强马壮，可没有一个是理想的接班人。他一直重用的营销奇才保尔·哈恩曼本是最热门的人选，但是这个经常口出狂言且不拘小节的功臣，在帮助公司打开国际市场的战役中屡立战功后开始骄傲自满。哈恩曼自恃厥功至伟，利用手中的权力编织了一张为自己服务的营销网，利用公司的资源中饱私囊，赫尔伯特是不可能让这样的人掌管宝马的帅印的。

当赫尔伯特·科万特发现冯·金海姆时，他立刻就有了主意。赫尔伯特是一块老姜，做事老练，他从不靠直觉做决定，他一定要万无一失。当然，一直为人们称道的冯·金海姆也从没让赫尔伯特失望过。最初的两张试卷让阅人无数的老赫尔伯特不得不对这个年轻人赞赏有加，同时也更坚定了他自己内心的想法。

　　哈拉德尔遇难后的两个月，赫尔伯特把他弟弟的爱将叫到了办公室，冯·金海姆顺利通过了面试。在老赫尔伯特面前还很年轻的冯·金海姆当时还不知道赫尔伯特对他的期望远远超过了他的想象。

　　赫尔伯特不动声色地给冯·金海姆出了两道难题。第一道是推销题，但是推销的不是简单的产品，而是科万特集团里一个长期亏损的部门。这点小难度对冯·金海姆不算什么，他很快就把这个小包袱"甩卖"了出去。他先是查阅了这家小公司的档案，了解了公司的历史，接着对公司外围的相关领域做了调查。他发现这个公司虽然现在亏损，但并不是一无是处的，他找到了公司发展的关键点，又物色了几家潜在买主，最后成功地把小公司卖了出去。其实这次交易重要的不是卖出去的问题，因为如果想亏本出手赫尔伯特早就卖了，任何一个商人都不想做赔本的买卖，赫尔伯特当然更不想。所以看到冯·金海姆不仅没有挥泪甩卖，而且还卖了个连赫尔伯特都认为不错的价钱，赫尔伯特心里有了底。

　　紧接着，冯·金海姆被赫尔伯特外调去执行一项相当艰巨的任务。科万特集团的庞大产业里有很多子公司发展得不尽如人意，这也是让赫尔伯特无法全心全意经营宝马公司的原因之一。位于卡尔鲁斯厄奥格斯堡的IWKA工业设备公司就是那些亏损的子公司中的一个。IWKA好像鸡肋，弃之不舍食之无味，况且科万特家族本身就在重工业领域发展，不能哪个公司发展不好就贸贸然地卖掉，那样到了最后就没有一个公司能传承下去了。既然不能轻易地卖掉，就必须想办法拯救，老谋深算的赫尔伯特想让冯·金海姆化腐朽为神奇。这样他一举多得，既有机会强化家族产业链中薄弱的一环，又能更好地考察心目中接班人的工作能力，于是他把这个年轻人派去做了IWKA公司的总经理。

冯·金海姆接受任务后立刻出发，也以最快的速度提交了试卷。在不到两年的时间里，IWKA公司扭亏为盈。

两次任务都执行得很出色，冯·金海姆被老赫尔伯特选中，宝马公司新任总裁的人选终于确定了。

赫尔伯特·科万特对宝马公司的决定总是让人跌破眼镜。先是在1959年力排众议保住了宝马公司，然后就是1969年9月在法兰克福车展上，赫尔伯特·科万特当着众多汽车同行郑重地宣布：埃伯哈德·冯·金海姆将取代哈德威尔克担任宝马公司管理董事会主席！于是，1970年，一个41岁的中年人走马上任，这个对汽车业毫无经验的人成了德国汽车行业里最年轻的董事长。

埃伯哈德·冯·金海姆的就任消息，是汽车界的重磅炸弹，不仅炸碎了宝马公司内部壁垒重重的关系网，而且余波阵阵，改变了德国乃至世界汽车行业的格局。

赫尔伯特凭借异乎寻常的判断力给宝马安排了一个最合适的驾驭者。

有了赫尔伯特的信任，冯·金海姆仅仅用了两年的时间就清理了集团队伍中的绊脚石，整理了公司海内外的销售网。他同从福特高薪挖来的鲍勃·卢茨双剑合璧，一时间天下无敌。

在埃伯哈德·冯·金海姆担任宝马前台最高领导者期间，保尔·哈恩曼在公司的私人金库没了，梅斯德斯·奔驰在全球汽车界第一的位置也没了。宝马团队多少年的梦想在埃伯哈德·冯·金海姆这个勇担重任的英雄带领下终于实现了。

赫尔伯特·科万特非常信任埃伯哈德·冯·金海姆，而埃伯哈德·冯·金海姆作为真正的贵族，给了这份信任最好的回报。

我们在生活中都不能孤立的存在，几千年前曾子的话"吾日三省吾身：为人谋而不忠乎？与朋友交而不信乎？传不习乎？"对人与人之间交往的要诀已经说得很明白了，是否能交到可以信赖的朋友取决于你自己。

⊕BMW⊕

第二章　　科万特家族

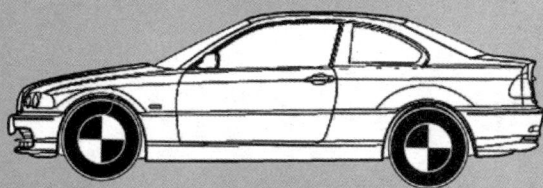

⊕BMW⊕

第一节　"贫穷"也是财富

穷且益坚，不坠青云之志！

——王勃

如果说宝马汽车集团跌宕起伏的命运是个神话，那么，科万特家族的财富史与情感史就更是一个神话。在生命、情感与金钱纠缠在一起的世界，科万特家族的成员总是能理清关系，分清利弊，这样才有了一个个专属于科万特家族的传奇。就是在这样的环境里才孕育出了赫尔伯特·科万特这样的商业奇才，也只有在这样的环境里赫尔伯特·科万特才能把宝马集团建设成一座不朽的四缸大厦。

宝马皇帝赫尔伯特·科万特能够接手宝马的前提条件就是他腰缠万贯，只有这样他才能买得起散落在市面上的宝马股票，成为宝马最大的股东，拥有至高无上的权力，这个条件当然是他的祖父和父亲为他创造的。谁又能知道科万特家族传到赫尔伯特手里只不过是第三代，就在赫尔伯特出生的前30年科万特家才脱贫致富。

　　一百多年来，科万特家族的成员没有一个在世界财富排行榜上位列第一或跻身三甲，但是这个低调神秘的家族却在德国的富豪家族中队伍庞大、地位稳固。在德国近百年的富豪榜上，科万特家族的成员一直都没消失过，而且人才辈出的科万特家族已经在世界权威富豪榜上连年有名。

　　科万特家族的资产虽然是在第三代继承人赫尔伯特手里成倍增长的，但这一切都要感谢家族事业的奠基者艾米尔·科万特和家族产业的扩张者君特尔·科万特，是他们为科万特的子孙后代开辟了新天地。他们留给后代的不仅仅是金钱，还有很多精神财富。

　　都说"穷人的孩子早当家"，这句话流传广泛，而且古今中外很多名人都是从贫穷的家庭中走出来的，比如香港首富李嘉诚，家道中落，连从小就定下的亲事都差点保不住，他品尝到了"贫穷"的一系列附带产品，比如冷遇和辛苦，但是他没有自暴自弃，而是从小店员开始做起，靠他敏感的商业洞察力发家。伟大的文学家、思想家鲁迅也有同样的经历，在这一过程中，他饱尝世态炎凉，可是他也没有自我放逐，而是将痛苦化作动力，用他的笔把中国千年积淀存在的问题挖掘出来，为改造国民之劣性不遗余力，成为百年中国的一个丰碑，为中华民族的精神重建做出了卓越的贡献。所以为了摆脱贫穷，那些身处逆境的人往往会奋发图强，努力成为一个拥有财富的人。

从这个角度来看，"贫穷"也是一笔财富，关键就在于拥有这笔"财富"的人会不会发挥它的价值。

19世纪中叶，在德国东部勃兰登堡州的一座小城里居住着一户荷兰移民家庭。1949年这户人家多了一个成员，一个男孩儿的降生使原来的二人世界变成了三口之家。这个男孩16岁开始做学徒，经过十几年的不懈奋斗最终成了老板，他就是开辟科万特家族富豪道路的埃米尔·科万特。埃米尔·科万特对这个成功的商业世家来说有着非常重要的意义，虽然当时他未必知道。

埃米尔·科万特是家里唯一的孩子，可6岁丧父的他享受不到独生子的娇宠。埃米尔的父亲弗里德利希·科万特在1955年抛下年轻的妻子和年幼的孩子独自到天国去了，小埃米尔只能与母亲亨利埃特·科万特相依为命。母亲很能干，给了小埃米尔一个很好的学习环境。埃米尔在佩勒贝格的一所教学条件较好的学校读书，在那里他养成了很多好习惯。埃米尔对知识如饥似渴，勤奋学习，从不贪玩，埃米尔在课余时间总是为家里做些力所能及的事情。

清贫的家境让这对孤儿寡母不得不勤俭度日，埃米尔·科万特朴素节俭的生活习惯也来自于少年时代的贫寒，他把这种美德当作家训传给了自己的孩子们，所以现在科万特家族的成员以富有却不奢侈而著称。

应了中国那句老话——"穷人的孩子早当家"，埃米尔·科万特很早就知道为家里分忧了。知识能改变命运，但不能快速改变命运，所以16岁的埃米尔走出校门，从学生变成了一个学徒。

还没长大的埃米尔·科万特就在一家规模很小技术落后的小织布厂做学徒。这家纺织厂是奥古斯特和路德维希·德雷格兄弟合办的，整个工厂只有6台老式织布机，动力既原始又不稳定，因为动力完全取决于马的奔跑速度。织布用的纱线也完全靠手工来纺，效率低而且质量不稳定。可就是这样一个小手工作坊培养了一个纺织企业家，可见英雄不问出处是有道理的。

寂寞的工作没有消磨埃米尔·科万特的意志。他很勤奋，兢兢业业，恪尽职守，总是早来晚走。随着纺织业技术的更新，这个小工厂也安装了蒸汽机，这时的埃米尔已经在工厂工作了两年，他从学徒做到了店员。埃米尔不是简单地复制每天的工作，一有机会他就观察和学习，没过多久就成了业务代理人。埃米尔·科万特一步一个脚印地前进，或许连他自己都不知道他从打工仔到老板的距离已经越来越小了。

埃米尔·科万特的机会是从绝境中得来的，就像赫尔伯特·科万特进入宝马管理核心缘于宝马的发展危机一样，而赫尔伯特的父亲君特尔·科万特的发家更是因为抓住了时代危机提供的机会，可见科万特家族都有抓住机遇的能力。

1873年，一场大火把奥古斯特和路德维希·德雷格的纺织厂烧了个精光，这场大火烧毁了奥古斯特对纺织厂的兴趣，却燃起了路德维希·德雷格的斗志。1873年，路德维希·德雷格在伦敦一家保险公司的帮助下，在原厂址上盖起一幢四层的新工厂，规模比原来大得多。忠心耿耿又勤劳能干的埃米尔·科万特成为路德维希·德雷格最重要的雇员之一。

新工厂的设备不再是原始的手工式，全部实现了自动化。埃米尔是从学徒做起的，他了解每一个生产环节，老路德维希在19世纪70年代以后逐渐把工厂交给了埃米尔，因为这个小伙子正在和自己的女儿谈恋爱，他很欣赏他的准女婿——热爱纺织事业并极富商业头脑的埃米尔·科万特。这个20多岁的年轻人显示出比自己年龄成熟得多的商人气质，在德意志帝国建国之初，1874年到1879年经济最不稳定，埃米尔保住了对自己有知遇之恩的路德维希的纺织厂，这是个相当难得的成果，它成了当时经济动荡时期当地硕果仅存的一家纺织厂。这一成果也显示出埃米尔·科万特非凡的商人禀赋。

1879年，埃米尔·科万特已经独立担纲工厂的全部事务。尽管此时的埃米尔依旧是个打工仔，但他与老板的距离仅一步之遥，这近的不能再近的距离让埃米尔急切地想跨越过去。

几年后，埃米尔·科万特娶了老板路德维希的女儿。又

过了几年，他与妻弟马克斯·德雷格合资买下了已故岳父留给岳母和孩子们的工厂，真正拥有了工厂的所有权，科万特家族有了第一家工厂。接下来的时间，埃米尔把聪明才智和勇敢坚毅都投入到了自己的工厂，由此正式开始了科万特家族的创业史。

王侯将相宁有种乎？打工仔与老板之间只是角色的转换，当然在漫漫创业之路上只有少数人才能完成这种转换，这种神奇的角色变换也只有在那些用心体验生活并永不放弃自我的人身上才能实现。埃米尔·科万特幼年失怙，少年时代开始打工，但是他从没有放弃努力，一直在寻找一条改变命运的道路。在路德维希的小工厂里，在这个瘦弱少年的身体里蕴藏着无限的奋斗激情。这种为理想永不低头、奋勇前进的精神终于让埃米尔·科万特为后人开辟了一条宽广的大路。

世界上有好多商业巨子都经历了从打工仔到老板的过程。

被誉为"经营之神"的日本著名跨国公司"松下电器"的创始人松下幸之助，与埃米尔·科万特的经历非常相似。松下幸之助因为父亲生意失败，家境贫寒，不到10岁的松下幸之助就离开家乡到大阪去当学徒。从9岁的男童到20来岁的小伙子，松下幸之助一直在企业底层摸爬滚打，但是这个外表清瘦的男孩儿从来没有放弃向前走的信念。

颠沛的生活让松下幸之助没有能力使自己衣着光鲜，即使去找工作也只能穿着洗不干净的衣服寒酸出场。那天他去电器厂谋职，招工的主管不愿直接拒绝这个身材瘦小、衣装不洁的应聘者，想让他知难而退。

"现在这里不缺人，你一个月以后再来吧。"主管说。

没想到一个月以后这个应聘者居然真的来了。主管又如法炮制，这个应聘者也同样如此。如此循环往复了好几次，最后，主管只好直言相告，说松下幸之助衣着不够整洁，不能被录取。让主管吃惊的是松下幸之助立刻出去借钱买了一身整洁的新衣服又来面试。主管看他这样单纯，再次直言相告，说公司里不能招聘没什么电器基础知识的工人。这回，这个年轻人两个月都没有出现，主管以为再也看不到这个瘦瘦的、怪怪的求职者了。

"我已经学会了不少有关电器方面的知识，您看我还有哪些不足，我一项一项弥补。"两个月后，松下幸之助衣着整齐地又出现在那个主管面前，他对主管说。

"我干这一行几十年了，还是第一次遇到像你这样来找工作的。我真佩服你的耐心和韧性。"人事主管盯着面前这个朴实诚恳的年轻人，过了好长时间说。

就这样，松下幸之助用"耐心和韧性"征服了人事主管，得到了电器公司的工作。后来松下幸之助自己开办电气器

具制作所的时候也并非一帆风顺，可是他就凭着自己的坚毅和执着最终成为日本一代电器之王，成为令人瞩目的商界明星。

埃米尔·科万特和松下幸之助从学徒到老板的成功经历说明，起点并不重要，一个人只要具有足够的耐心和毅力，就有可能站到峰顶欣赏那壮丽的风景。

第二节　唯有与时俱进才能生存

执古以绳今，是为诬今；执今以律古，是为诬古。

——魏源

企业的历史和国家的历史也有相似之处，它们都是在谋求独立和发展中壮大或消失。而国家的命运与企业的命运又是息息相关的，所以德意志第二帝国的建立是德国历史上最重要的一个转折点。一个企业在历史的拐点做出什么样的选择往往决定了这个企业的命运，与时俱进是个人、企业唯一的正确选择。

家庭和企业都是国家的细胞，它们的命运与国家紧密联系在一起，在风云际会的时代里，毁灭和新生并存。

要想知道科万特家族是怎样起家的，还真得知道点德国历史。

其实在德国的历史上，19世纪70年代是极富戏剧性的。在这10年左右的时间里，德国享受到了战争胜利的果实，也经历了社会动荡的危机；德国的企业经受了冰火两重天的考验，留下了最精华的一部分，这里就有路德维希·德雷格的工厂，这家纺织厂是科万特家族的事业基点。如果没有德意志第二帝国的建立，科万特家族的奋斗史或许就要改写。而没有第二次世界大战，君特尔·科万特也不能把产业扩大。

公元843年，混乱的法兰克帝国内部分裂成法兰西、意大利、德意志三个国家，其中法兰西后来发展为法国，而意大利和德意志却长期处于分裂状态。因为法国最先统一，发展也最快，法国迅速成为欧洲霸主。

1870年，蓄势已久的普鲁士终于向欧洲老霸主法兰西第二帝国宣战了。下战书的人就是普鲁士铁血首相奥托·冯·俾斯麦。

奥托·冯·卑斯麦策划并实施了三次关于德国统一和发展的大战。第一次是1864年初对丹麦的战争，德国获胜，统一民心。第二次是1866年对奥地利的战争，德国又胜，统一领土。第三次是对法国的战争，德国再胜，德国独立。每一次，德国

都取得了重大胜利。三次战争中最重要的胜利当属打败法国这一超级强国，这一次的胜利大大推动了德国的发展。

普法战争结束后，法国政府签订了丧权辱国的《法兰克福条约》，合约规定法国割让阿尔萨斯和洛林两省土地，外加赔款50亿法郎。阿尔丰斯·都德笔下的《最后一课》，写的就是这次战争对法国失地阿尔萨斯人民的影响。《法兰克福条约》也是法国巴黎无产阶级革命爆发的导火索。当然，法国人民的痛苦，铁血首相俾斯麦是不会理睬的。

统一后的德国生机勃勃，和平稳定的社会环境加上所得的巨额赔款使德国的经济开始突飞猛进地发展，在这被称为"创业者之年"的几年间，有实力的德国中产阶级创立了800多家股份公司。或许正是这种普遍高涨的经商潮给老路德维希注入了希望，他才在1873年工厂付之一炬后重新投入而且扩大了生产规模。而如果没有这次重建，埃米尔·科万特就不会有机会接管老路德维希的纺织厂并为家族攒下第一桶金了。

新工厂虽然建在废墟之上，但是丝毫没有焚毁后的恹恹之气。工厂引进了当时最先进的生产设备，除了拥有26台机械织布机外，还进口了英国造的走锭精纺机。工厂的半自动纺纱机，除了有效地节约成本外还大大提高了工作效率，而且洗布机、缩绒机和上浆机一应俱全，新工厂可以说是彻底的年轻化了。

企业的命运掌握在主人的手里，如果它的主人有除旧立新的决心并付诸实践，这个企业就一定会生机勃勃，让斯芬克斯的谜题永远无解。希腊神话中神界女王赫拉为了惩戒忘恩负义的忒拜王拉伊俄斯而派遣狮身人面女神斯芬克斯到忒拜城内，斯芬克斯堵住往来的路人，问他们那个著名的问题"什么动物早晨用四只脚走路，中午用两只脚走路，晚上用三只脚走路"，答不上问题的人都会成为她的美餐。结果忒拜城内凡是被问到的人都无一幸免地落入这个可怕的女人的口中。后来被拉伊俄斯抛弃的儿子俄狄浦斯经过此地，说出了正确答案，那种动物就是人。因为人们出生的时候不会走路，需要手脚并用才能行走，后来长大了就用两只脚走路，可是晚年的时候，因为体力不支需要靠拐杖支撑才行，所以是三只脚走路。当俄狄浦斯说完的时候，斯芬克斯自尽而死，俄狄浦斯成了忒拜的救星。

当路德维希的工厂重新建起的时候，那个当年埃米尔·科万特来到时的靠三只脚走路的老人已经返老还童，用两只脚走路了。新的机器与任何一家大工厂相比都不逊色，生产力增强，工厂迅速在当地纺织业内独大。因而，跟上时代的步伐会让我们永葆青春。当你青春华年不在的时候，只要保持一颗年轻的心，你就永远用不上第三只脚。

第三节　永远别做白日梦

> 狡猾的小聪明并非真正的明智。他们虽然能登堂却不能入室，虽能取巧并无大智。靠这些小术要得逞于世，最终还是行不通的。
>
> ——弗·培根

投机的生意是最具风险的，白日做梦远不如脚踏实地来得可靠。

科万特家族从不做投机生意，他们把实业看成真正的事业。

就在路德维希的工厂意气风发、斗志昂扬的时候，遍及欧洲的经济危机也没有放过德国，风暴从维也纳强势袭来。1873年5月9日那个"黑色星期五"，维也纳交易所极度混乱，股票在24小时内缩水几亿。当天晚上，这个一度非常繁华的交易所带着投机人的白日梦随着黑夜的到来消失得无影无踪。

19世纪70年代初，德国刚刚开始进入经济繁荣期，沸腾起来的德国经济根本没做好快速结束的准备，一切就这样不期而至了。银行倒闭像病毒扩散一样，19世纪70年代初在柏林交易所内发行股票的95家新银行，到1875年只剩下50%多。工厂倒闭也像一场传染病，就拿当时的普利茨崴小镇来说，11家织布厂经过这场危机，只剩下老路德维希的这家织布厂了。

埃米尔·科万特在逆境中接下了为路德维希管理工厂的任务，在那些投机商白日梦破碎的时候，他正在脚踏实地地努力工作。

老路德维希的工厂能够幸存下来，这给工厂的管理者埃米尔上了生动的一课，他明白了三个问题。

灾难来了该怎么办？

这是第一个问题。

答案：要勇敢接受现实并积极面对。

1873年火灾后厂主的态度让埃米尔明白，适当的除旧立新能给企业带来活力，而灾难面前不退却也是一个大企业家必有的胆识。

如果不是一场大火烧毁了原有的旧设备和旧厂房，新工厂是不能有超强的竞争力的。路德维希的老工厂在埃米尔进工厂的1965年就已经很落后了，四蹄的马再强壮也抵不过轰鸣的机器马。

塞翁失马焉知非福，工厂被烧，路德维希新工厂的设备

比小镇上的任何一家纺织厂都先进，工作效率远远超过他的同行。这场意外的大火其实是帮助老路德维希更新设备的一个机会，老路德维希抓住了。而他的兄弟奥古斯特心灰意冷退出了工厂，日后工厂重新开张所得的一切都是路德维希一个人的了。埃米尔从此知道了在废墟上重建要付出很多，而重建后努力经营的回报更丰厚。

老路德维希在火灾中的态度也是对工厂重建的精神投资。

"我不能放弃我一辈子的事业。"老路德维希看着火灾后的工厂说。

路德维希没有抱怨，而是更积极地投入，这种在灾难面前表现出来的镇静与勇敢是他给公司最好的精神投资。看着工厂主这样淡定地面对灾难，埃米尔也明白了一个真正的企业家要输得起。所以多年以后他支持儿子君特尔扩建公司，大不了一切从头再来。

市场不景气时产品卖给谁？

这是第二个问题。

答案：要生产出高质量的产品卖给固定的客户。

在其他纺织厂陆续改进设备的时候，纺织业的竞争越来越激烈，而经济危机却正在降低社会购买力，那么生产出来的产品卖给谁呢？

奥古斯特和路德维希兄弟的纺织厂虽然不大，但是从1858年开始就与北德邦联海军建立了贸易合作关系，这使路德维希的工厂一直不愁买主。

纺织厂良好的品质保证留住了他们最大也是最重要的客户。埃米尔·科万特对产品质量的严格要求也是受了路德维希对产品质量态度的影响。一个小规模的工厂能与官方合作那么多年，这让埃米尔意识到质量是企业的第一生命。1871年，当北德邦联海军改为帝国海军之后，纺织厂与军方仍然续签了供货合同，这个维持了十多年的销售渠道为路德维希的纺织厂提供了生存的保障。1873年火灾后的新工厂靠着与军方的合作挺过了动荡的经济时期，虽然没有发展，但在那个时代活下来就是最大的成功。埃米尔从这一点看出，与合作伙伴之间保持良好的关系对企业的发展是非常重要的，所以他也告诉他的孩子，要与合作伙伴友好相处，这个秘诀科万特家族掌握得非常好，宝马公司与合作伙伴之间的关系特别为同业者称道。

力不从心时任用谁？

这是第三个问题。

答案是：用值得信任的热爱本行的人。

老路德维希不是没有信任的亲人，他有儿子，而且不止一个，但是他们没有一个人热爱纺织业，所以路德维希宁愿把工厂交给一个还没有成为亲人的工人管理，也不愿意把企业交给

没有热情的儿子们。事实证明，老路德维希的选择是正确的，埃米尔·科万特没有辜负他的准岳父，他保住了路德维希的工厂，在那个黑色的商业期，一个不到30岁的年轻人还能做得更好吗？

所以多年以后，赫尔伯特·科万特在为宝马选接班人的时候选择的也不是自己的子女，而是热爱汽车的埃伯哈德·冯·金海姆和鲍勃·卢茨。

埃米尔·科万特积累的财富可能不如后辈，但是他所掌握的企业经营经验为后辈带来的收益更为丰厚。

黑色的70年代过去了，1879年，老路德维希撒手人寰，看着准女婿把自己的工厂带出了泥潭，他可以放心地离去了。这时，埃米尔已经成为路德维希纺织厂的实际掌门人，只是工厂的所有权并没有归属于这个年轻的管理者。路德维希去世的时候，纺织厂作为遗产，留给了他的遗孀和五个孩子。

埃米尔·科万特并不是池中小鱼，他渴望龙腾虎跃做出一番大事业。1880年，他娶了心爱的女孩儿海德维格·德雷格。1883年，埃米尔·科万特与时年22岁的小舅子马克斯·德雷格买下了一直由自己打理却写着路德维希名字的纺织厂。由于经营有道，生意越做越好，最后德国皇家海军制服披巾都指定由埃米尔·科万特的工厂来提供。这也是科万特家族与德国军方最初的合作，到底幸与不幸无法断言，但是这样的合作确实加

快了科万特家族资金积累的速度。

一分耕耘一分收获，埃米尔·科万特认真对待生活，从学徒做到老板，他这种脚踏实地的作风也影响了他的子孙，后来科万特家族的每一个管理者都是从底层开始起步最后攀上山巅的。他的儿子君特尔如此，孙子赫尔伯特如此，曾孙女苏珊娜也是如此。科万特家族的人从不夸夸其谈，他们信奉多做少说的信条，所以他们得到的比谁都多。

我们看到了科万特一家的奋斗之路，就会觉得一切的语言都是苍白的，生命是"活"出来的，而不是"说"出来的。

第四节　不做放羊的孩子

明者远见于未萌而智者避危于无形。

——司马迁

一个家族的延续靠的不是运气，而是实力；一个家族的壮大靠的不是维持，而是开拓。赫尔伯特·科万特能有接管宝马的魄力，与他身上流淌着敢想敢做的父亲君特尔·科万特的血有着密不可分的关系。

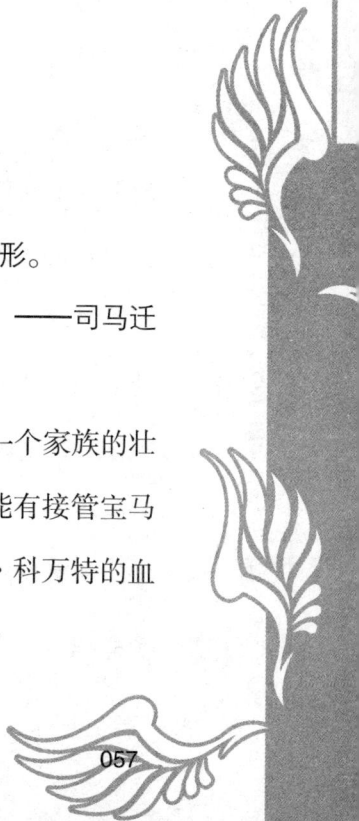

科万特家族的事业从埃米尔·科万特开始，那是一个从无到有的质变，而让家族事业腾飞由质变再到量变的是赫尔伯特的父亲君特尔·科万特。赫尔伯特从父亲那里得到的比祖父给他的多得多，无论是物质的还是精神的。因为君特尔·科万特的理想之巅比父亲埃米尔·科万特高得多，所以当他们以同样的辛劳与努力去拼搏的时候，君特尔就会上得更高。

井底之蛙的故事谁都知道，夜郎自大也都明白，所以古今成大事者都有大见识，因为视野宽广，志向会更为远大，君特尔·科万特能超越父亲不仅因为家里条件的改善，更是因为他比父亲多了开拓意识，这种开拓意识的生成与他的见识更是分不开的。

君特尔·科万特比他的父亲幸运，因为在君特尔·科万特出生的时候，父亲埃米尔·科万特在生意场上可谓如日中天，家里的生活环境已经很不错了。

在埃米尔·科万特买下岳父的纺织厂以后，德国的经济又开始复苏，在埃米尔的用心经营下，工厂日益兴隆。当埃米尔的第一个儿子君特尔·科万特两岁的时候，他们已经有了自己的住所，宅院就建在他们家工厂的旁边。

小君特尔·科万特每天都能看到父亲的公司在不断地进步。他看见新机器被源源不断地运到工厂，组装好的机器轰隆隆地运转，热闹非凡。君特尔对这个世界最初的认识就是机

器、生产和忙忙碌碌的人们。

"你要成为咱们工厂的管理者。"父亲对君特尔说。

作为长子，父亲在君特尔·科万特身上寄予了厚望。埃米尔·科万特少年时代因为家境所迫不得不放弃了学业，如今他不用再为金钱烦恼了，他要给自己的孩子最好的教育。普利茨威小城安静舒适却不够现代进步，这个只有6000人的小镇各方面发展都很落后，要想把君特尔培养成合格的接班人，必须让他先走出去。就像中国当下，"北上广"已经成了现代化都市的代名词，能到北京、上海去求学或者到英美等发达国家留学是每个家长对孩子的期望，因为他们知道，走得远才能飞得高。

"你是一个纺织厂厂主的儿子，你不仅要学会外语，还要学会纺织专业术语，对自然科学也要略通一二。"埃米尔·科万特对大儿子说："我要把你送到柏林去。"

如果君特尔要学会埃米尔要求的这些，在家乡普利茨威就要靠家庭教师来教授，埃米尔的精明也体现在对儿子的教育投资上，他既想降低教育成本，又想避免儿子闭门造车、纸上谈兵，所以他把儿子送到了柏林。

1896年，15岁的君特尔·科万特在接受了当地最好的教育后被父亲送到了柏林路易丝塔特中学。君特尔的眼界从此被打开了，同时被打开的还有君特尔通往更广阔商界道路的大门。

柏林可真大！这是君特尔来到柏林的第一感觉。

如果说19世纪末的德意志第二帝国像一列高速行驶的火车，首都柏林就是带动这列火车怒号奔驰的巨大车头。有太多的人不想被时代的列车抛在后边，数以十万计的人从乡村涌向柏林，他们都想做大时代的淘金者。城市化的脚步让柏林人口激增，从19世纪中期到第一次世界大战前夕，柏林人口已达到400万，比原来增加了10倍。

比起只有6000居民的普利茨威，首都柏林让君特尔眼花缭乱。

君特尔·科万特不是一个穷小子，他以一个外省富商儿子的身份住进了校长邦多夫的家。这是一个在社会上颇有地位的家庭。在邦多夫家里，成绩优秀的君特尔丝毫没有来自乡村工厂主家庭的短视与自卑，他结识了一般人一辈子都高攀不上的政客和军事家。也正因为这样，君特尔对政治、军事才有了非同一般的见识，他把这种见识同他的经济头脑结合起来，为他家族的发展做出了卓越的贡献。埃米尔对君特尔的生活做出了很好的安排，他启发了君特尔。当君特尔成为父亲以后，他也让自己的儿子接受了最好的教育，并且也努力把自己的接班人培养成世通古今、见多识广的人才。只可惜，他没有父亲的好运气，他在接班人的问题上并不顺利，这就是后话了。

"这里的楼真高，如果可以我也想成为一个建筑师。"每当君特尔走在繁华的热闹的柏林街头这个想法就不由自主地生出来。

"父病重，速归。"接到家人的召唤，肩负着科万特家族发展重任的君特尔不得不告别他心仪的都市回到家乡。

但平地拔起的高楼大厦，交叉伸展的地铁和高空铁轨，像魔术般变幻无穷的城市，给君特尔留下了不可磨灭的印象。君特尔·科万特在德国最发达的都市里度过了人生最重要的两年，这也是他对人生宏伟规划形成理性意识的两年，这个小城少年睁开了双眼，他要将世界揽入怀中。

我们不得不承认，人的见识与他的志向有直接的关系。多年以前，一个记者到山里去采访，路遇一个放羊的孩子，于是有了那段著名的对话和之后深深的思索。

"你在做什么呀，小朋友？"

"放羊！"

"放羊做什么呢？"

"卖钱！"

"卖了钱做什么呢？"

"娶媳妇！"

"娶媳妇以后做什么呢？"

"生娃！"

"生了娃之后呢？"

"放羊！"

深山里的生活就是这样地循环着，而我们能对一个从没走出大山祖祖辈辈以放羊为生的孩子说什么呢？

还有一个故事，虽然发生在城市，也同样说明见识的重要性。台湾一家公司的总裁有一个上幼稚园的女儿，一次她应邀去幼稚园参观园里举办的书画展，一幅名为《陪妈妈上街》的画吸引了她，画面上除了数不清的人腿什么东西都没有。这真是一幅绝妙的儿童画，真实又有着非同凡响的深度。幼稚园的孩子都能自己走路了，而妈妈逛街的时候往往只顾自己买东西，在高楼大厦和琳琅满目的商品中间穿梭，没有时间照顾孩子，所以孩子看到最多的东西就是与自己视线高度一样的成年人的腿。

可见无论城市还是乡村，现代还是古代，见识决定了一切。我们要尽量站在高处，就像君特尔·科万特那样，站在柏林的高楼大厦中间，他能抬头仰望，这样才有了他的工业世界。

第五节　走好该走的路

> 生命的全部的意义在于无穷地探索尚未知道的东西。
>
> ——左拉

有很多时候，人不能选择自己的道路，但是人能改造自己的道路。

君特尔·科万特喜欢柏林，在这个超大的城市里，他那颗年轻的心无时无刻不处于一种兴奋的状态。如果不是埃米尔·科万特需要儿子来继承自己的事业，而是让君特尔按照自己的意愿发展，或许这个世界会多一个建筑家，而科万特家族的历史将再一次被改写。当然，没有如果。

任何一个家族的发展都需要有一个领军人物，君特尔·科万特的长子身份和他的天赋让他成为科万特家族第二代的先锋。

四十几岁的埃米尔·科万特患了严重的肝病和胆病，虽然恢复得不错，但是不能过于操劳，还必须定期去卡尔浴场疗

养，埃米尔·科万特的时间不能全部用在工厂的管理上。埃米尔·科万特十几岁投身商海，二十几岁运筹帷幄，三十几岁开疆拓土，由一个小小的学徒上升到一个管理者再上升到老板。埃米尔·科万特的青年时代比起别人多了一份成熟也多了一份沉重，所以他还来不及把壮年过去，老年的问题就提前到来了。

养兵千日用兵一时，是该让儿子披挂上阵了。埃米尔·科万特把君特尔从柏林叫了回来，当时的君特尔正沉醉在柏林现代都市醉人的气息里。君特尔很快回到了父亲的身边，他没有埋怨，只是有些遗憾。科万特家族的孩子都有一个共同特点，那就是尊重长辈的意愿。所以当科万特家族的成员越来越多的时候，他们也从没因为财产起过纠纷，因为他们的长辈告诉他们要团结。

即使是天才也不能越过实践的环节而走向成功，从柏林回来的优秀青年君特尔必须从基层开始前进，像他父亲一样从山脚起步。算起来，君特尔进入工厂学习纺织知识的时候比爸爸当年进入外祖父的纺织厂学习时大不了多少，他们都是从基层做起，勤劳能干。唯一不同的是，君特尔知道自己的未来一定是老板，而埃米尔当时不知道。

君特尔·科万特在自己家的纺织厂里接受了最基本的业务训练，并不系统，但是很具体。连续6个月，君特尔有规律地进行着自己的学习计划，逐步从学生向老板过渡。他每天6点进入工厂，从女工纺纱、缩绒和浆洗学起，再跟负责染色的师傅学习染布，又跟机械师学习蒸汽机的工作原理。中午小憩后，下午的内容是商业培训。在14点到19点5个小时的时间里，君特尔跟着老师也就是父亲埃米尔学习通信、财务和盘点货物。

君特尔的学习从宏观到了微观，从云端到了地面。这样的学习有的很有趣，比如在他从槐蓝属植物的汁液里神奇地提炼出发亮的海军蓝和龙骑兵蓝的时候，感觉是很不错的；也有感觉无趣的时候，就像在账房里一坐就是一个下午，从日悬中天到日薄西山。但是无论有趣或无趣，君特尔都学得很认真，因为他知道要想独步天下，必须根基扎实。埃米尔·科万特很欣慰，他相信这样勤勉聪慧的儿子一定不会辜负他的期望。

要想学得更好，好平台是一个前提。埃米尔又采用了让儿子走出去再回来的策略。

1898年10月，君特尔到了德国西部重镇亚琛，二战以前，纺织业是那里的传统工业。君特尔进入普鲁士纺织工业中等专科学校，等待他的仍是一段清苦的日子。

在亚琛，一直在学习上没有感到困难的君特尔·科万特突然落后了。

毕竟君特尔只在父亲的工厂里学了6个月，而且并不系

统，知识结构完全是建立在能看到的实体上。工人师傅们的传授与学校里老师的专业教学当然也无法相比，那点知识在纺织专业的海洋里很快就被淹没了，君特尔只能加倍努力才能赶上同学们。焚膏继晷，君特尔与同学们的差距很快缩短了，他很开心也很兴奋。

这段学习经历不仅让他提高了专业素养，而且磨炼了他的意志，每天哪怕只追上一点点，也让他欣喜若狂。君特尔是一个不服输的人，他这种积极进取的态度让他日后在商界也似一头猛虎，为了自己的梦想他一往无前、绝不轻易放弃。他的儿子赫尔伯特也遗传了他这种勇往直前的精神，在收购宝马的时候赫尔伯特一定想到了父亲单枪匹马进军医药和机械领域时的万丈豪情。

在亚琛，君特尔·科万特最喜欢的就是和同学们一起去参观科隆、埃尔伯费尔德、迪伦的精梳厂、纺纱厂、机械制造厂和染色厂，他再度眼花缭乱。柏林的高楼大厦、电车铁轨让他向往，纺织业的机械纺纱和染色技术让他着迷，这个世界太过精彩，君特尔绝不能虚度此生！

谁能在这个世界上白白走一遭呢？虽然道路是父亲为君特尔选好的，但他也不得不担起长子的重担，他要努力让自己路上的风光更美，让自己的道路更宽广。

第六节　该出手时就出手

时间给空想者痛苦，给创造者幸福。

——麦金西

人生有很多机会，但是机会稍纵即逝，一定要在它出现的时候牢牢地抓住它。

都说打仗亲兄弟，上阵父子兵，这句话除了顺序要稍微调整一下，对于科万特家族再合适不过了。19世纪末埃米尔·科万特和君特尔·科万特这对父子的联合与交接使科万特家族的生意越做越大，尔后20世纪前半叶，君特尔和两个儿子联手为科万特家族的持续发展做出了巨大贡献，这个家族把"青出于蓝胜于蓝"演绎得淋漓尽致。

君特尔·科万特从亚琛回到普利茨威的时候，父亲埃米尔把工厂交给了他。君特尔一方面继承了父亲的一些优秀习惯，另一方面又表现出自己新一代创业者的革故鼎新、锐意进取的精神。

君特尔·科万特是埃米尔·科万特的骄傲，他把科万特家

族的事业从纺织领域扩大到了军火、医药、汽车等各个重要的领域。

君特尔接过父亲的公司以后不满足于现状，认为只做维持和管理的工作太简单了，他要扩大企业的规模。年纪不大却呈老态的埃米尔有些保守了，父亲不想冒险，他希望儿子守住现有的家业，认为不失去就是获得。

20来岁的君特尔最终成功地说服了父亲，试想，哪有一个商人不希望事业越做越大？如果当年的埃米尔是一个满足现状的人，已经安稳的他就不会买下岳父的工厂自己经营。最后君特尔还是得到了父亲的支持，他们买下了多瑟河畔保尔·格奥尔格·韦格纳遗留下的维特斯托克纺织厂。

这家纺织厂比科万特家的纺织厂大很多，发展的空间相当大。作为父亲埃米尔没有插手管理，但父亲对儿子的影响无所不在。君特尔儿时的记忆频现脑海，新机器、新设备，热火朝天的工作场面，他要让这家大工厂也那样。而此时的大工厂显现出疲态，陈旧的设备、落后的技术，让它像一匹日薄西山负重而归的老马。君特尔快刀斩乱麻，迅速更新了老设备，引进了新技术，在6年的时间里完成了工厂的现代化，大公司的效益明显显露出来。

君特尔的第一次扩张成功了，有了第一次就会有第二次。这次，君特尔想按照自己的计划新建一座工厂。

"我想建立一座新工厂，按照我的意愿来设计。"君特尔·科万特对父亲说。

"还是慎重些吧，你已经有很多事情要做了。"父亲这样回答。

埃米尔比上次收购维特斯托克还犹豫不决，他不知道儿子能不能驾驭得了更多的马车。但最终他还是给儿子写了一封信，一封包含了一个企业家的经营理念和一个慈父的深厚感情的家信。

他这样写道：

至我儿君特尔·科万特和维尔纳·科万特：

我亲爱的孩子们，我做出决定了，马上扩建。但必须控制原料，尤其是产品库存，只有迫不得已时才可以向银行贷款。亲爱的上帝会祝福我们。勇敢地前进吧！

你们的父亲

这是一封家信，也是一封授权书。科万特家的企业家们既有开拓进取的雄心，又有尊敬长辈的传统，这是这个家族百年大业的心理基石，坚固而温暖。

君特尔又用了两年的时间在维特斯托克建起了一座现代化纺织厂。他的事业越来越大，他在纺织业界的影响力也与日俱增。

1906年，君特尔迎娶了一位机械制造厂老板的女儿，他妹

妹埃迪特·科万特几年后嫁给了一家大纺织厂老板鲁道夫·保尔的独生子。工业领域里的联姻让君特尔如虎添翼，他要把亲戚圈里的产业整合重组以赢得更多的利益。

1908年，当了爸爸的君特尔要做的事就更重要了，他要让公司世代延续、绵绵不绝。他每天早晨6点出现在账房，大约4个小时后回家用餐。在穿过旧公园的时候，这个年轻的大老板想得总是很多很远。

不安分的君特尔不能坐而垂钓，他开始四处撒网。每年君特尔都横穿德国，历时4个月，亲自充当自己产品的推销员。他随身的行李是两个大箱子，其中一个装满了制服布样品，这些布料可以穿在陆军、海军、警察身上，也可以穿在邮递员、司机、看门人的身上。合同雪片般飞来，君特尔也随着交通大动脉的血液流动见识到了德国正在壮大的肌体。

君特尔发挥出超强的能力，身兼数职，老板和推销员都做得很成功，第一次世界大战开始以前，君特尔·科万特已经控制了德国纺织行业中三家重要的企业。

在君特尔·科万特向纺织大亨迈进的路上，他每一次的出手都非常果断。有花堪折直须折，莫待无花空折枝。在花开的时节莫要因为害怕通往繁华的路上有荆棘，只有走过去，那美丽才会属于你。

第七节　找到说话的地方

> 一个勇敢而率真的灵魂，能用自己的眼睛观照，用自己的心去爱，用自己的理智去判断；不做影子，而做人。
>
> ——罗曼·罗兰

"没有花香，没有树高，我是一棵无人知道的小草。从不寂寞，从没烦恼，我的伙伴遍及天涯海角。"这是二十年前中国非常流行的一首歌的歌词，歌的名字就叫做《小草》，从歌词中可以看出是对平凡人的一曲赞歌。可是我们对平凡人有敬重，却没有人甘心当一个默默无闻的平凡人。在一个个选秀节目中，参加海选的人不计其数，说明每个人心底都有梦想，都希望走出人海成为万众瞩目的一个。这并不是虚荣，而是一种自我实现的正常要求。在美国心理学家亚布拉罕·马斯洛的人生五个需要理论中，自我实现的需要就是人生最高的也是最强烈的一种需要。一言九鼎、君无戏言，这也是一个人社会地位的表现，人人都想拥有话语权，君特尔·科万特也不例外。

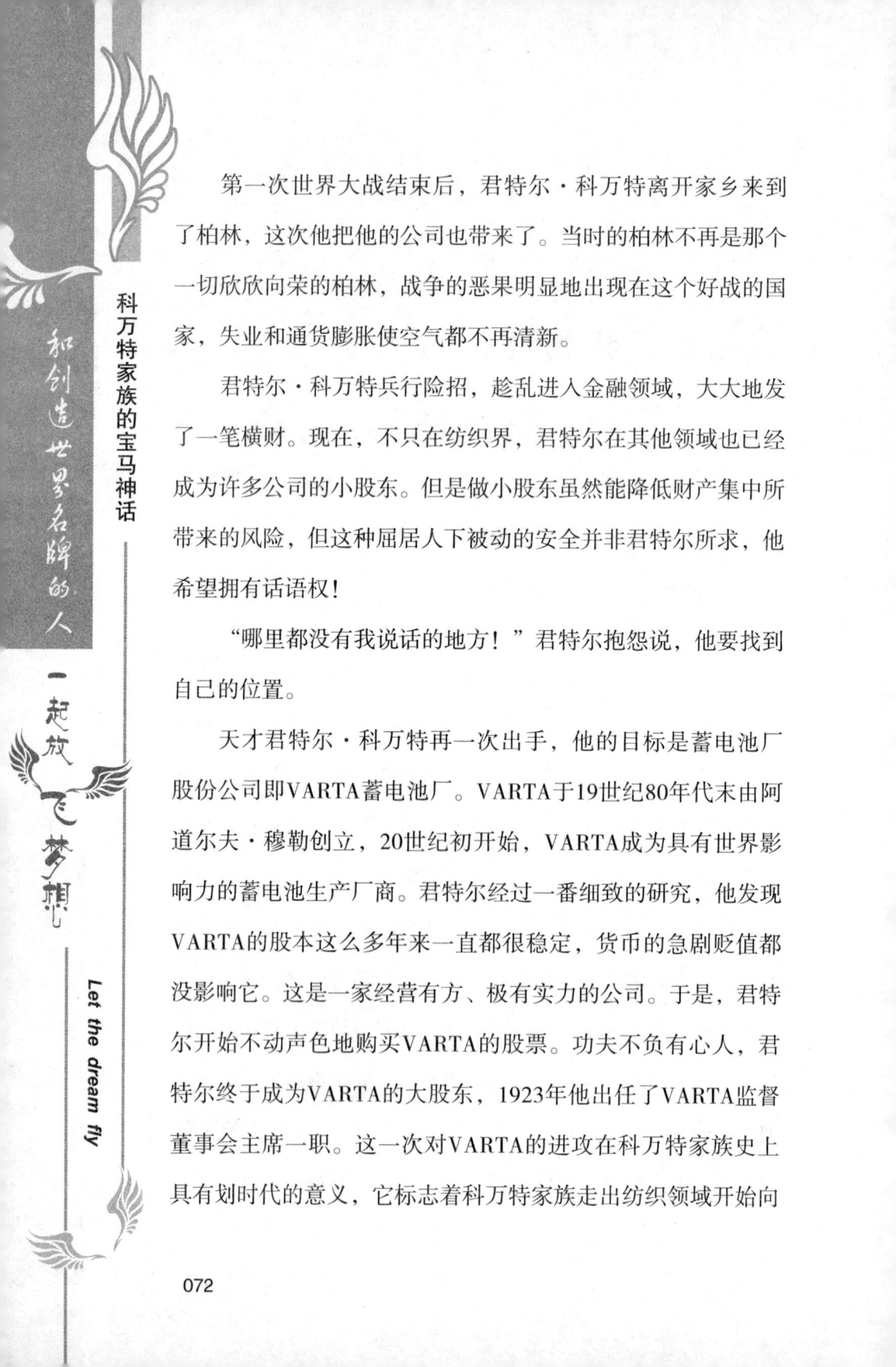

　　第一次世界大战结束后，君特尔·科万特离开家乡来到了柏林，这次他把他的公司也带来了。当时的柏林不再是那个一切欣欣向荣的柏林，战争的恶果明显地出现在这个好战的国家，失业和通货膨胀使空气都不再清新。

　　君特尔·科万特兵行险招，趁乱进入金融领域，大大地发了一笔横财。现在，不只在纺织界，君特尔在其他领域也已经成为许多公司的小股东。但是做小股东虽然能降低财产集中所带来的风险，但这种屈居人下被动的安全并非君特尔所求，他希望拥有话语权！

　　"哪里都没有我说话的地方！"君特尔抱怨说，他要找到自己的位置。

　　天才君特尔·科万特再一次出手，他的目标是蓄电池厂股份公司即VARTA蓄电池厂。VARTA于19世纪80年代末由阿道尔夫·穆勒创立，20世纪初开始，VARTA成为具有世界影响力的蓄电池生产厂商。君特尔经过一番细致的研究，他发现VARTA的股本这么多年来一直都很稳定，货币的急剧贬值都没影响它。这是一家经营有方、极有实力的公司。于是，君特尔开始不动声色地购买VARTA的股票。功夫不负有心人，君特尔终于成为VARTA的大股东，1923年他出任了VARTA监督董事会主席一职。这一次对VARTA的进攻在科万特家族史上具有划时代的意义，它标志着科万特家族走出纺织领域开始向更广阔的商界大步进军了。

对蓄电池厂的投资使君特尔的注意力从纺织业转移。君特尔与VARTA的创始人阿道尔夫·穆勒甚是投缘，没有孩子的阿道尔夫·穆勒把君特尔当作了事业的接班人，君特尔也非常乐意担任这样的角色。两人一拍即合，1938年君特尔从监督董事会主席变成了管理董事会主席，而蓄电池产业也取代了科万特家族赖以发家的纺织厂成为家族的资产核心。君特尔终于如愿以偿，能发出自己的声音了。

如今，VARTA电池厂已经成为世界最著名的电池厂，可见君特尔敏锐的商业嗅觉为家族产业带来了多么大的收益，赫尔伯特收购宝马和君特尔进军VARTA有异曲同工之妙。

第二次世界大战期间，君特尔领导的VARTA是德国潜艇所用的蓄电池的主要供应商，而君特尔做监督董事会主席的卡尔斯鲁厄工厂是德国最大的军工企业。君特尔的财力和观念甚至颇得希特勒的赏识，他成了德国第三帝国时期最积极、最活跃的企业家，地位显赫，作为希特勒座上嘉宾的他也没少发战争财。

在二战结束后德国经济的复苏期，君特尔又独具慧眼地投资了汽车、制药、化工等产业。到1954年科万特家族二代创业者君特尔逝世的时候，他们家族已经拥有近200家公司，涉及多个领域，成为德国商业最有实力的财团之一。

尤其要说明的是，在这些股票持有公司中就有梅斯德斯-奔驰和宝马两家汽车公司，这样的身份为日后科万特家族进军并驾驭宝马提供了必要的条件。

君特尔·科万特有一个很明确的目标，这个目标也一直贯穿于他的发展规划，那就是要做一个有影响力的人。1918年，《新青年》上刊载了一首沈尹默的小诗《月夜》，只有四句，却颇有深意。"霜风呼呼的吹着，月光朗朗的照着。我和一株顶高的树并排立着，却没有靠着。"在寒夜的霜风里，顶高的大树迎风而立，虽有同伴却并不依附对方，万千小草都匍匐在地面，大树或许很孤独，但他是独立的，是被小草仰望的。人潮人海，你是大树还是小草，与种子无关，只与你的梦想有关。

第八节 A角的意外

> 人生就是学校。在那里，与其说好的教师是幸福，不如说好的教师是不幸。
>
> ——海贝尔

人生无常，所以常有人说"尽人事，听天命"。这话听起来消极，但是在某些时候我们不得不承认，当我们把所有的希望都投注在唯一的人选上的时候，我们是很难承受突如其来的打击的。所以，在非常重要的演出中主角一定会有两个，俗称A、B角，为的就是避免演员出现意外情况影响整个演出正常进行。如果没有人能代替主角，这出戏往往就会停止演出。名噪一时的Beyond乐队因主唱黄家驹的意外殒命而终结了他们的辉煌，虽然现在人们仍然热爱并怀念那个充满激情的摇滚乐队，但是它真的不在了。A角不在，又没有B角的时候会怎样呢？

君特尔·科万特就遇到过A角遭遇不幸，B角还没选好的尴尬。从科万特家族的代际关系和事业传承来看，君特尔·科万特比埃米尔·科万特幸运的是事业起步比较顺畅，埃米尔·科万特比君特尔·科万特幸运的是不必为继承人的人选而殚精竭虑。

君特尔一生有两次婚姻，第一次是1906年与出身机械制造之家的安东妮结合，两人感情深厚，育有两个儿子，长子赫尔穆特和次子赫尔伯特。不幸的是1918年，安东妮一病不起，最后她永远地告别了心爱的丈夫和可爱的孩子们。君特尔非常悲伤，他说安东妮是他一生的真爱。或许这是真话，因为君特尔的第二任妻子玛格达在他们离婚时，把感情破裂的责任都推给了大他20岁的丈夫。

　　君特尔像父亲当年一样，把继承家族事业的重任放在了长子赫尔穆特的肩上。这里面有对长子的偏爱，也有一丝命运安排的无奈。妻子安东妮去世后，君特尔发现次子赫尔伯特视网膜有问题，医生断言这个孩子的视力将越来越差。君特尔为了确保家族财产万无一失，只能全力培养身体健康的大儿子赫尔穆特。

　　读万卷书，行万里路。君特尔一方面让赫尔穆特博览群书，一方面带着他环游世界增广见闻。他还把赫尔穆特送到国外读书，从语言、观念等方面全面提升孩子的素质。赫尔穆特深深知道父亲的期望，他非常优秀，仿佛是科万特家又一颗冉冉升起的明星。但事与愿违，1927年，君特尔遭受到了人生最重大的打击，他精心培养的大儿子赫尔穆特因为患盲肠炎医治无效去世了。当君特尔匆匆赶到儿子病榻前的时候，令他悲痛欲绝的是儿子充满遗憾和愧疚的那一句："我真想帮您从事您那伟大的事业，我亲爱的父亲！"

　　君特尔还没从中年丧子的不幸中走出来，他的第二次婚姻又失败了。

　　当年君特尔刚刚丧妻不久，在从柏林到高斯勒的火车上被一个少女的美貌吸引了。他们同坐在一个包厢里，这个身材窈窕、妩媚动人的少女简直就是上天派来慰藉他失去爱妻痛苦的良药。虽然他的外形不够英俊，中年男人已经发福的身材，多年思虑过度引起的脱发，这都不是追求少女的加分项，可他依旧向这个少女发动了猛烈的攻势。天才商人君特尔在爱情方面也很勇敢，在他们认识的当天晚上君特尔就给那个女孩儿写了一封热情洋溢的情书。

那个女孩叫玛格达，出生于1901年，母亲的两次婚姻让她有了两个爱她的父亲，这是一个在爱的包围中长大的快乐女孩儿。玛格达的生父理查尔博士是一个博览群书专业突出的工程师，继父弗里特兰德是一个智慧而宽容的犹太富翁。两个父亲虽然职业不同，性格不同，但是都非常宠爱玛格达，他们的绅士风度给了玛格达很大的影响，儿时自由富庶的生活环境让玛格达对精神的重视高于对物质的重视。虽然后来玛格达在比利时乌苏林修道院过了8年的寄宿生活，但是封闭的修道院根本锁不住她那颗像小鸟一样自由的心，在高墙内她得到的是深厚的文化素养。那天乘坐火车出游只是玛格达对单调的学习生活的一个调味剂，谁能想到这次出游会改变她的生活轨迹呢？

遇到那个自称是科万特的中年男人后，玛格达从没想过要嫁给他，哪一个18岁的妙龄少女会把自己与一个40来岁的足以当自己父亲的男人联系在一起呢？

可是，这个叫君特尔·科万特的男人执着而富有，在他们相识的几个星期后他就给了她婚姻的承诺——他正式向她求婚了。玛格达没有心理准备，这个求婚者并不符合她心目中白马

王子的形象，而且他的孩子和自己的年龄相差无几，这样的婚姻会幸福吗？

　　玛格达那个开明的家庭没有过多地干涉她的自由，当玛格达决定把自己交给第一个向自己求婚的男人时，家里人给了她应有的祝福。

　　婚姻是爱情的坟墓，玛格达在进入君特尔·科万特的家里后才明白这句话。她的丈夫虽然富有却不够大方，虽然事业有成却还在继续奋斗，根本没有时间来陪伴她这个花一样的妻子。玛格达很善良，她对安东妮的孩子很好，不久以后还生了自己的儿子哈拉尔德。可是做了母亲的玛格达也不能熄灭自己对激情的渴望，她不愿在君特尔身边让她的花样年华寂寞流逝，她有了一个比自己小三岁的大学生情人。当君特尔发现自己的妻子红杏出墙的时候暴跳如雷，于是他们的婚姻走到了尽头。依旧美丽动人的玛格达并不缺少求婚者，那个比她小三岁的情人埃内斯特来到她的身边，美国前总统的侄子胡弗也来到她的身边。可是英俊、富有这些世俗的条件都不能打动玛格达，那个从封闭的修道院出来的少女已经不再感情用事了，这份重新得到的自由是她目前最可宝贵的财富。

　　君特尔被妻子的不忠深深伤害，他从此没有再婚，他把他后半生的精力都投入到了科万特家族的事业中去。

　　可是世事难料，白发人送黑发人，这事业的理想继承人抛下父亲独自离去了，君特尔该何去何从啊？他身边只有一个视力欠佳的儿子赫尔伯特。玛格达的第二次婚姻带走了她和君特尔·科万特的儿子哈拉尔德，富可敌国的君特尔·科万特也没能留住那个儿子，因为玛格达嫁给了第三帝国的二号人物——希特勒的宣传部长戈培尔。

已经没有选择了，君特尔只能孤注一掷倾力打造赫尔伯特，而赫尔伯特则必须接替哥哥赫尔穆特的使命，达到父亲对哥哥所要求的那些目标。

科万特家族的上空一片阴霾，从来就没有受过训练的赫尔伯特·科万特能不能驱走它们呢？赫尔伯特·科万特这个连B角都谈不上的接班人能不能上演好A角的角色？这些大家都不知道，只知道这是一场不能谢幕的演出。

第九节 不能分割的亲情

唯宽可以容人，唯厚可以载物。

——薛宣

科万特家族从19世纪80年代开始创业，到今天已经一个多世纪了，他们的财富越来越多，虽然以家族成员分散掌握的方式持有，可是这只是一个形式而已。这么多年来，科万特家族从来都没有因为财产分割引发纠纷，原因就在于这个家族的长者对孩子们的一片挚爱之情。只要出生在科万特家里，那就都是科万特家族的孩子，权利要共享，责任需分担。

君特尔看着玛格达带走了哈拉尔德，于是他用心栽培赫尔伯特。当他辞别人世的时候，为了避免因为兄弟反目和家族纷争而把科万特家族已有的一切变成泡影，他把家族的财产作为整体平均分给了两个儿子，一个是现有事业的主要管理者赫尔伯特，另一个就是当年随着玛格达一起走的哈拉尔德。1954年，君特尔在一次旅行中与世长辞，他的遗嘱得到了完全执行。君特尔根据两个儿子的才能和兴趣把集团一分为二，又分别配备了一个成熟的经理人为他们的助手。但是他们的事业只是相对独立，他们之间还有密不可分的联系。赫尔伯特被任命为VARTA的管理董事会主席，哈拉尔德为监督董事会主席，在卡尔斯鲁厄工厂两个人的分工刚好相反。君特尔要求四个人组成最高领导委员会，在关系到家族企业集团的重大问题上要共同商议做出决定。君特尔的这种安排，不仅给了孩子们自由发展的空间，又有效地把权力集中起来，最大程度地保证了家族的利益。

其实这个家族对父辈的服从是有传统的，在君特尔的眼里，他对父亲埃米尔有这样的印象："他像一个老派的农民或者工匠，为子孙后代着想。凡是他制定出的东西，他的儿子们——我和我的弟弟维尔纳、格尔哈德就必须执行。"

君特尔完全不必担心，他的孩子们一直感情深厚，绝对不会因为财产伤害他们最珍视的亲情。赫尔伯特和哈拉尔德的关系本来就很亲密，玛格达给赫尔伯特的母爱曾经深深地温暖过这个幼年丧母身体欠佳的男孩儿的心。随着母亲一起进入戈培尔府邸的哈拉尔德虽然在政治上极其狂热，但是人格上非常高贵。1945年4月28日母亲留在希特勒地下室的遗书里这样对哈拉尔德说："我最亲爱的哈拉尔德，我会告诉你我在生活中学到的真理：做一个忠诚的人，对自己忠诚，对他人忠诚，对祖国忠诚。"这样的母亲教育出来的儿子当然不会利欲熏心，哈拉尔德和赫尔伯特联手，再度为科万特家族创造了辉煌的业绩。

多年以后，赫尔伯特去世时也像父亲一样尽量公平地分割了自己的财富，给三任妻子和孩子们留下了和谐的环境，他成功的财富分割方式也成为商业大亨们竞相学习的方法。

在世界上，财富可以分割，而有很多东西是不能分割的。

第十节　真正的财富

家必自毁，而后人毁之。

——孟子

有人做过一个问卷调查，内容是什么才是人生最重要的东西，选项有情感、金钱、权力还有名誉与自由。这是一个物欲横流的时代，所以金钱成了一个选项。但是奇怪的是，很多人都把金钱排在了最后，而把情感和自由排在最前面。或许这说明，人无论在什么时候都保留了内心最柔软、最温暖的部分，一切都可以放弃，唯有爱要永存。

科万特家族的财富让人们羡慕，其实更让人们惊叹的当属他们家人对感情和金钱的态度。赫尔伯特与哈拉尔德兄弟联手，把科万特家族的生意做到不能不引人注目的程度。家族的成员随着岁月的变迁增长的不仅有金钱，更有深厚的感情，他们对后者的维护也让所有了解他们的人颔首称赞。

哈拉尔德的一生比起赫尔伯特这个天生视力有问题的哥哥很难说更幸福。哈拉尔德身体强壮，非常英俊，虽然父母离异他与生父分开，但是他从来都没有缺少亲人的关爱，生父临终前把偌大的家产给了他一半，而那些大部分是爸爸和哥哥打拼出来的，即便这样哈拉尔德心里的创痛还是无法言说的。他的妈妈玛格达为了信念在1945年4月30日那天与继父戈培尔双双自尽，同时带走了他同母异父的5个妹妹1个弟弟。往日的欢声笑语瞬间消失，他为之效忠的元首也抛下他们这些追随者，到另一个世界去了。这些对于一个20多岁一直生活在激情与欢乐世界里的年轻人来说，太过残忍了。这个青年回到生父的家里，父亲和哥哥用温暖的拥抱给了他些许安慰，他也用真诚回报着他的亲人。

可是这个世界用温情留不住哈拉尔德那颗不羁的心。哈拉尔德酷爱冒险，也许只有在挑战自己极限的那一刻他才能真正的忘却痛苦吧。直到1967年那一天，哈拉德尔再也不用承受自己是备受争议的生母和继父家里唯一幸存者的痛苦了。那天他登上一架私人飞机飞往法国度假，飞机刚起飞不久，飞行员就发现导航系统出了故障，但是飞机上的人做出了错误的决定，他们没有选择安全的路线原路返回，而是决定继续飞往预定的目的地。结果几个小时后，他们的飞机撞在了阿尔卑斯山脉最后的一座山上。

哈拉尔德永远地走了，年仅45岁的他留给妻子和女儿的除了一大笔财产外，还有一个永远都抹不平的伤痕。

赫尔伯特·科万特的肩上总是不期然地接受一些原本不是他的担子。大哥赫尔穆特的离去使他不得不担起科万特家族第三代继承者的重任，现在弟弟哈拉尔德的离去又使他不得不承担他的那份工作，虽然只是暂时的，但这一切来得太突然了。

赫尔伯特尽心尽力，把哈拉尔德的财产打理得井井有条，直到1970年哈拉尔德的遗孀英格要求承接丈夫的遗产。

赫尔伯特如数把弟弟的遗产交到了弟妹和五个小侄女手里。弟弟留下的五朵金花，最大的16岁，最小的才两个月，赫尔伯特没有借任何名目把弟弟的财产据为己有。

11年以后，英格带着悲伤去天国找哈拉尔德去了，跟着一起去的还有深爱着英格的第二任丈夫冯·哈姆勒。在英格嫁给冯·哈姆勒的日子里，五朵金花不能从每天烟雾缭绕的妈妈身边得到更多的爱，但是得到了继父对他们的呵护。面对靠着尼古丁麻醉自己的妻子，冯·哈姆勒也非常痛苦，他愿意用自己的一切换英格的快乐，可是他没能做到。英格后来每天的吸烟数量已经不是一般意义的多了，她每天要吸一百支香烟，这些慢性毒药终于在英格50岁那年终结了这个饱尝丧夫之痛的不幸的女人的生命。英格活在自己的世界里，她甚至不去想自己还有五个柔弱的女儿和一个深爱她的男人。她也没有想到，她走了，她的第二任丈夫冯·哈姆勒也会追随她而去，留下五个从没涉足过商界的女儿。

死者已矣，活着才是一个难题。

还好，这五个女孩儿生在科万特家，她们从来都没有见过家里因为金钱引起纠纷。父亲去世后，伯伯赫尔伯特帮助她们照顾家业，也从来没有抱怨过一句辛苦。母亲要求伯伯分割出父亲的遗产时，伯伯从来都没有一丝犹豫。科万特家族最大的财富不是一支支不断升值的股票，不是汽车厂、药厂和电池厂，而是永远不会淡漠的亲情。

哈拉尔德最大的伤痛就是妈妈和弟弟妹妹们突然离他而去，他太明白亲情的可贵，可是这一部分的亲情他永远都得不到了。哈拉尔德非常爱五个女儿，他经常叮嘱孩子们无论什么时候都要团结起来，哈拉尔德对孩子们说亲情的力量可以战胜一切。哈拉尔德的死让孩子们第一次知道失去亲人的切肤之痛，第一次体会到"亲人"意味着什么。当时她们还小，对父亲受到的巨大伤害不会有太多感受，但她们再长大些就理解了父亲说的话。她们从没有见过面的祖母、叔叔和姑姑们，那些鲜活的生命曾经围绕在父亲的身边，父亲也有一个如她们一样幸福温馨的家。那个家的破碎，那些跟父亲一起嬉戏玩耍的叔叔和姑姑们令人不可思议的离去，让爸爸如何能够忘记？

当玛格达把6个天使一样的孩子带到希特勒的地堡里时，她和丈夫戈培尔就没打算让孩子们活着出来。所有的人都不能接受这对夫妇的决定，他们最崇拜的元首用了最强硬的方式

命令这对夫妇放弃他们这种疯狂的想法，可是最终没有人能改变。

人世间最痛苦的莫过于生离死别，哈拉尔德是带着怎样的伤痛活下来的无人知晓，他把他能给的爱都毫无保留地给了他的孩子们。也许每当他看见自己的孩子们时，就会想起他的弟弟妹妹们，这种混合了伤痛的天伦之乐是何等令人伤感。

1978年10月，哈拉尔德的妻子英格因吸烟过度罹患肺癌，临终之前她留给孩子们的遗言就是"你们要团结……"

英格去世的时候孩子们已经长大了，她们可以明白母亲的意思，也终于理解了父亲当年的痛。当伯父赫尔伯特征求她们财产分配方案的时候，五姐妹一致表态，她们不会分开。父母留给她们的不是25亿的遗产，而是她们这五个姐妹永远不能分割的亲情。

21世纪初，五姐妹的资产早已经过了25亿美元，那些当初对五姐妹共同发展持质疑态度的人，此时哑口无言了。在大爱面前，一切卑鄙的、世俗的想法都是苍白的。

这个世界无疑有比金钱更有价值的东西，如果你拥有了，记住，千万别放手。

⊕BMW⊕

第三章　　宝马骑手

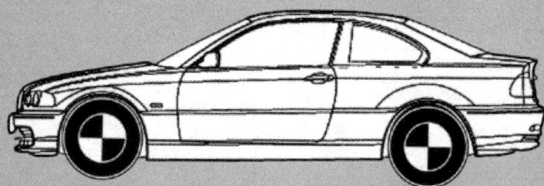

◆BMW◆

第一节　征服世界不靠视力

> 生命是一条艰险的峡谷，只有勇敢的人
> 才能通过。
>
> ——米歇潘

如果没有第一代埃米尔·科万特的奠基，就不会有第二代君特尔·科万特的壮大，如果没有第二代君特尔·科万特的壮大，就不会有第三代旷世奇才赫尔伯特·科万特的大显身手，也就没有今天的宝马和说不尽的宝马故事。科万特家族是一个成功商人的摇篮，是一个财富呈倒金字塔增长的家族，在难以计数的财富背后，有更难以估量的厚重情感。他们用脚来丈量世界，用心来超越世俗，这是一个神奇家族的创业史。

人有视觉、听觉、嗅觉、味觉和触觉，每一种感觉都是一种独特的能力，哪一种缺失都是一个遗憾，但是并不是所有的人都会沉溺在他们的不幸中自怜自艾，而有的人会勇敢地面对自己的不幸，以最大的努力去创造奇迹。在残疾人英雄中，最典型的莫过于美国女作家、政治家海伦·亚当斯·凯勒。上帝在关上一扇门的同时，是不会忘记为你打开一扇窗的，关键在于你推没推开那扇窗。

1910年6月，赫尔伯特出生在普利茨威，是君特尔·科万特的第二个儿子。10岁的时候，赫尔伯特患了严重的眼疾，视网膜出了问题，从此他的世界一片模糊。君特尔是一个好父亲，也是一个好商人，但是他不能把家族的事业交给一个看不清这个世界的人，于是他选择了长子作为接班人，并倾尽全力打造赫尔穆特，他的选择是合情合理的。

上天眷顾那些可怜的好人，爱人等于爱自己。君特尔对孩子们未来的安排有差别，但是对孩子们的爱是没有差别的。尽管赫尔穆特被定为管理人，但继承人一定是三兄弟。安东妮所生的两个儿子赫尔穆特和赫尔伯特和玛格达·瑞切尔所生的儿子哈拉尔德一定都会得到父亲的财产。赫尔伯特虽然身患眼疾，但父亲仍希望儿子跟正常的孩子一样，赫尔伯特接受了最好的教育——父亲给他请了家庭教师。这样的学习为赫尔伯特后来接管家里的生意做了基础的准备，虽然当初父亲并没有想到这一点，但这也是上天对一个慈父的奖赏。

任君特尔如何在德国的商界和政界叱咤风云，他还是没能留住大儿子赫尔穆特的生命，于是赫尔伯特作为接班人的不二人选必须尽快适应角色。1931年，赫尔伯特在家族的蓄电池厂接受了商业和技术培训，他的商业天赋给了父亲不少的安慰。

1932年，赫尔伯特被父亲送往美国实习。此后的赫尔伯特开始熟悉家族事务，他的一些见解和建议让君特尔对他独立工作有了信心。

上帝给赫尔伯特关上的是用眼睛看这个世界的门，但是又给了他用智慧来面对生活的窗，并且赫尔伯特推开了这扇窗。

面对生命中的缺失，赫尔伯特选择做一个勇敢的人。生活中有很多不如意却无法改变的东西，能不能使残缺变成美丽主要是人的态度。

有一位太太请了一个油漆匠到家里粉刷墙壁。油漆匠一进门就开始同情这位太太，因为他发现她的丈夫双目失明。时间过得很快，油漆匠在那里一连工作了几天，他发现男主人非常开朗乐观，根本没有一个盲人的悲观绝望，他们谈得很投机，油漆匠从没提起男主人的眼疾。工作完毕，油漆匠拿出账单，女主人发现价钱比刚开始说的打了很大的折扣。

"怎么少算这么多呢？"女主人惊诧地问。

"这几天我过得很快乐。您先生对人生的态度让我觉得自己的境况还不算最坏。减去的那部分是我对他表示的一点谢意，他让我觉得工作没有那么辛苦了。"油漆匠诚恳地说。

女主人听罢潸然泪下，因为这位慷慨的油漆匠只有一只手臂。

身体不健全没关系，重要的是心理健全，眼盲的男主

人、独臂的油漆匠和接受了现实的女主人都不是幸运儿，但是他们对生活的坚强态度使他们的生活充满了温情和阳光。

赫尔伯特虽然视力不好，但是生命的质量没有因此而降低，他的好心态提升了他生命的质量。

1940年，赫尔伯特进入了VARTA的董事会，那时的他刚刚30岁。这家电池厂是君特尔最为重视的产业，是家族生意转型的标志。 1954年，君特尔去世后，赫尔伯特接任了董事长的职位。VARTA的发展里面有着赫尔伯特的功劳，1952年，他在阿根廷、乌拉圭和巴西顺利的完成了蓄电池厂扩张的任务。这也是父亲去世后把电池厂分给赫尔伯特的主要原因。

如果说赫尔伯特把父亲的电池厂、药厂都经营得很好是借助了父亲的威力的话，那么在汽车领域里赫尔伯特对家族的贡献不能不提。也正是赫尔伯特对宝马公司的惊人之举，赫尔伯特才向世人证明：我也能做接班人！

赫尔伯特1959年大举收购宝马股票后，以持有30%的数额在宝马公司举足轻重，他把对汽车的喜爱变成了经营的动力。经过两年多的艰苦跋涉，赫尔伯特终于让那些反对他的人见识到了他的英明，他启用新人，重视工程师。1962年，赫尔伯特没有让那些股东失望，宝马公司开始盈利。到1982年赫尔伯特去世的时候，宝马已经紧紧地跟在戴姆勒奔驰后面，把老大哥追得气喘吁吁。1992年，宝马已经实现了超越奔驰的目标。现

在，宝马已经成为世界的宝马。谁能想到1959年这匹宝马的危险处境，谁又能想到一个理智的冒险家改变了一个品牌的命运并拯救了它。赫尔伯特和哈拉尔德兄弟都是冒险家，他们的区别在于一个对事业负责地冒险，一个对生命不负责地冒险。前者令人钦佩，后者令人慨叹。一样的生命，不一样的过程，赫尔伯特无愧于他的父亲，也无愧于他自己。

没有父辈的积累，赫尔伯特不可能有实力改变宝马被奔驰收购的命运，而没有赫尔伯特，科万特家族今天的业绩史里就会缺少最绚丽的一笔。宝马和赫尔伯特相遇，是一个男人的幸运，也是一个家族的幸运，更是一个品牌的幸运。当年那个视力不好的少年，在一个用智慧看世界的时代里，谱下了一曲恢弘的乐章，在赫尔伯特的引领下，宝马已经成为一个光芒四射的汽车品牌，它也成为"科万特"家族财富史书上浓墨重彩的一笔。

一个人有生理上的残疾并不可怕，可怕的是有心理上的残疾，只要勇敢面对，每个人都有成功的可能。

第二节　生活只相信结果，不相信想象

要记住！情况越严重，越困难，就越需要坚定、积极、果敢，而越无为就越有害。

——列夫·托尔斯泰

看到什么不重要，想到什么并且去做才重要。

很难想象，如果由赫尔穆特接管科万特家族的生意，今天的科万特家族会是什么样，赫尔伯特还有没有机会在商界大显身手，赫尔伯特还会不会在科万特家族中做一个至关重要的决策人，会不会为科万特家族世代基业守成并发展。当然，生活只相信结果，不相信想象。

1927年，赫尔穆特去世了，他永远无法达成父亲子承父业的心愿了。哈拉尔德尚且年幼，而且还跟着生母玛格达在戈培尔的公馆里生活，更不能按照君特尔的方式培养。君特尔只能退而求其次，把一切希望寄托在这个连世界都看不清的17岁的二儿子赫尔伯特身上。让君特尔想不到的是，这个一直默默无闻的儿子真的很适合经商，虽然他视力不太好，但是在下判断

的时候经常非常准确。赫尔伯特在父亲的培养下很快熟悉了公司的业务，但是他独立承担公司的管理工作是在二战结束后父亲被监禁的时候。

到现在为止，各种资料对君特尔·科万特在两次世界大战中扮演的角色都说法不一。有的说君特尔·科万特在战争中主动给德军提供军工产品，有的说他是因为家族产业适合军事需要而被迫参与战争。历史的真相需要历史学家慢慢还原，怎么评价君特尔·科万特在战争中的身份很难，但是他为战争失去了将近半年的自由是有真实记录的，这一点不必考证。

在君特尔被羁押的几个月里，赫尔伯特·科万特接手了科万特家族的全部事务，从此他与父亲的地位开始转换，君特尔逐渐退居幕后。

赫尔伯特并不是一个人在战斗，他与已经弃戎从商的弟弟哈拉德尔并肩作战，为公司带来了更丰厚的利益，他们的父亲这回可以放心地周游世界了。1954年12月26日，73岁的君特尔·科万特前往埃及疗养，没想到这一去他再也没能活着回到自己建功立业的地方，当月30日，一代商界奇才、背负了无数秘密的君特尔与世长辞，留下了万贯家财。在他离开人世之前，这个一生以家族事业为重的男人早就为后代分配好了他的一切。

本来一切相安无事，科万特家的兄弟俩按照父亲的遗愿打

理着家族的产业。可是1959年，历来以和为贵的集团内部出现了问题，这一切都因为一家快要破产的汽车公司——宝马。

君特尔独具慧眼，在二战结束后德国经济复苏期就加入了汽车产业。到他去世的时候，他的股票里有两支业绩和影响相差悬殊的汽车股票，那就是戴姆勒奔驰和宝马。赫尔伯特和哈拉德尔自然而然地关注着汽车领域的动态，但是赫尔伯特似乎更加着迷，这个连路都看不清的男人非常钟爱公路上的钢铁骏马——汽车。哈拉德尔一直没有干涉过哥哥的事情，尤其是他的兴趣爱好，可是当1959年他这视力模糊的哥哥打算买下一家就要倒闭的汽车公司的时候，他再也坐不住了。

原来，因为宝马公司经营不善，虽然1954年到1959年德国汽车产业发展得不错，可是宝马好像迷了路，总是不能跑到前面，甚至就要出局了。一直对宝马虎视眈眈的戴姆勒奔驰当然不能错过吞掉这个潜在对手的机会。他们与持有宝马四分之三股票的宝马大股东达成了协议，限期收购宝马。如果戴姆勒奔驰收购成功，宝马公司就要成为戴姆勒奔驰的一个轴配件加工厂，那么宝马再也不能作为一个独立的生产汽车的公司出现了。

大家都以为只是个程序的问题，宝马就快消失了。但是这个世界的奇妙之处就在于谁也不知道下一刻将要发生什么，这个世界没有想当然。当时戴姆勒奔驰与大股东们的协议只要

一个股东大会通过就生效了。戴姆勒奔驰看到宝马已经奄奄一息，对宝马的收购非常自信，他们给了宝马一个归顺的期限，坐等宝马投怀送抱。没想到，这世界一切皆有可能，就在戴姆勒奔驰要喝庆功酒的时候，横生枝节，宝马的两个小股东居然把这个事情搅得一塌糊涂。

小股东打乱了大股东的如意算盘，他们这是在为宝马的起死回生争取时间，因为毕竟小股东是没有能力真正挽救在死亡线上挣扎的宝马公司的。但是小股东对宝马的维护还是打动了一个大股东的心，这个大股东就是宝马的恩人——赫尔伯特·科万特。

1959年，当全体股东聚集在慕尼黑总部的宝马大会堂里的时候，参加股东大会的赫尔伯特就坐在股东中间，目睹了或者更准确地说是听到了一场以少胜多的宝马保卫战。

在是否保有宝马公司的独立性上，小股东们据理力争，希望无论怎样都不能轻易放弃，他们面对一直拥有话语权的大股东发起了一次次攻击。赫尔伯特身为大股东，但是他做出了一个与大股东们大相径庭的决定。赫尔伯特同意小股东们的建议，不愿宝马做他人的附庸，而且更让人难以想象的是他居然要接管宝马公司。

赫尔伯特对宝马的信任源于这次股东大会上一些中小股东们的态度，他从股东们激烈的争执中看到了宝马公司的希望。

宝马在二战后虽然偶有佳绩，但是大部分时间都在生死线上挣扎。到1959年的时候，公司的营业额已经为负数。宝马股东大会的主要内容是讨论由公司大股东德意志银行提出的重组方案，即由戴姆勒奔驰出资700万马克收购宝马。这是一个从大股东到监督董事会都一致同意的方案，谁都没想到这个方案会被延迟。一般的方案延迟并不算什么，只要开会再议都有机会通过，而这次这个方案的延迟就意味着这个方案的流产，因为梅戴姆勒奔驰公司的收购是有时间限制的。就因为这个期限，奔驰收购宝马的梦破碎了，而且放虎归山，宝马在日后果然成了戴姆勒奔驰最大的对手，也因为这个期限，宝马起死回生，成就了一个商界英雄的汽车梦。

在股东大会上，那些同意重组方案的大股东们持有近四分之三的股票，他们对方案的通过满怀信心。不过智者千虑必有一失，愚者千虑必有一得。宝马的中小股东在得知奔驰收购宝马的计划后，他们开始马不停蹄地挽救公司，希望保持宝马公司的独立性。上天不负有心人，中小股东的代理律师终于从德国股份公司法中的一项旨在保护中小股东利益的条款中找到了依据，成功地阻止了新方案的通过。

原来，德国股份公司法中规定，如果公司公布的上年度财务报表中有差错，则10%的少数表决权就可以决定股东大会延期。律师从宝马公司上一年度的财务报表中发现了问题，指出报表中列入了一种新车型的全部研制费用，没有按照规则分年摊销。这就使大股东们非常被动，最后被迫服从超过了10%的少数中小股东的意见并推迟了股东大会。股东大会的中断致使戴姆勒奔驰收购宝马的方案没能在戴姆勒奔驰公司规定的最后期限前通过，中小股东在不利的局势下为宝马挣得了一线生机。

正是这些中小股东对宝马的不离不弃，让一位大股东深深震撼，他为宝马拥有这样维护公司利益的股东而热血沸腾，一个惊人的想法诞生了。这个大股东目睹了宝马公司的"政变"，他暗下决心要接管这个身处困境的汽车公司，这个人就是赫尔伯特·科万特。

挑战与机遇同在。赫尔伯特在亲人和朋友善意的劝告包围下仍然没有动摇，他用他的自信向世人挑战，他相信宝马是一匹血液纯正、高贵无比的良驹，这是他大举进军汽车领域的一个机遇，他要抓住它，哪怕用一无所有作为代价。

毋庸置疑，赫尔伯特·科万特成功了。

宝马遇到了伯乐，一个用心聆听世界的伯乐。赫尔伯特用宝马的奇迹告诉世人，伯乐依靠的未必是好视力，一个看不见世界的男人，完全凭着感觉和对周围人的信任建立起了一个庞大的财富大厦，还有什么比这样的成功更令人向往吗？

第三节　十字路口的选择

> 按照自己的意志去做，不要听那些闲言碎语，你就一定会成功。
>
> ——纳斯雷丹·霍查

"1960年可能是我一生中最难做决定的一年……其中一次就是宝马。某种程度上，我是站在十字路口上的。要么损失一部分利益放弃宝马的股份，要么独自承担全部风险。" 20年后，赫尔伯特回首往事，他不无感慨地说。当时经过艰难地斗争，他选择了后者。

1959年宝马的股东大会是宝马公司的一个里程碑。这次大会原本是为结束宝马旅程而开的，没想到结果却是宝马全新旅程的开始。这次股东大会结束后不久，宝马有了新的骑手。这个骑手收购了宝马并亲自管理，终于让一匹旷世良驹驰骋商界，这个骑手就是宝马的伯乐赫尔伯特·科万特。

赫尔伯特对汽车工业非常感兴趣，一直希望在汽车界拥有一席之地。就像当年父亲君特尔一样，虽然持有众多公司的股票，却没有一个绝对的发言权，赫尔伯特在汽车领域还不能产生什么影响，他同样不希望自己"没有说话的地方"。他希望在戴姆勒奔驰汽车公司有发言权，可是他们科万特家族即便是财大气粗，也不能在一个刚刚进入的领域里一呼百应。戴姆勒奔驰汽车公司是一个历史悠久的老牌企业，是在1926年由两家顶级汽车公司合并而成的，是一战以前德国两家最大的汽车公司——戴姆勒奔驰和梅斯德斯的强强联合。戴姆勒奔驰一直受到德国官方的照顾，他们有自己的领导层，有一套很成熟的管理方案。二战后才介入汽车领域的科万特家族一时之间是无法把自己的看法加入到戴姆勒奔驰的世界里的。当然赫尔伯特和哈拉尔德一直没闲着，父亲当初给他们的3.85%的戴姆勒奔驰公司的股份到1955年的已经增持至9%了，赫尔伯特已经成为戴姆勒奔驰监督董事会的成员。假以时日，赫尔伯特和哈拉尔德一定会在戴姆勒奔驰产生影响，可是赫尔伯特等不及了，他要有一家听命于自己的汽车公司，他选中了宝马。

宝马公司的小股东在得知赫尔伯特的意向后，就力求争得这位与众不同的大股东的支持，正是他们的坚持和以往宝马曾有的战绩最终让赫尔伯特选择背水一战。赫尔伯特披挂上阵了，他开始驾驭宝马。

赫尔伯特第一次没有听从家族决议，他利用了自己的权力先斩后奏，买下了宝马30%的股份，终于成了一个"能说话的人"。

1960年，赫尔伯特开始把宝马公司当作自己最重要的阵地，向市场发起了一场攻坚战。科万特家族的成员似乎天生就流淌着商人的血液，赫尔伯特在一片质疑的声浪中独自冒险，他于1960年把宝马承接过来。他大量收购宝马散落的股票，在宝马公司有了发言权，在年末他拿出了大胆的整顿方案。他还动用了一切资源最终说服政府出资保护了宝马。他把宝马当作巴伐利亚的一个标志，地方政府的本土意识救了宝马。就像人们很在乎自己的姓名，每个城市的名字也同样被家长——地方官员看得非常重要。宝马和巴伐利亚血脉相连，这也为后来人诠释宝马车标的意义提供了一个新的视角。

赫尔伯特的整顿方案是发行新股，这是一个万难执行的方案。因为宝马近年来的业绩着实不太乐观，人们抛售都来不及，怎么可能再跳入泥淖？但是赫尔伯特的方案做得很完备，96%的通过率是对一年前奔驰收购宝马情形的一个巨大嘲讽。

人们相信了这个在电池领域独领风骚的半盲人，而赫尔伯特也相信自己的判断，他认为良好的信誉与出色的质量一定能使宝马重焕生机。

因为宝马大股东——德意志银行提出奔驰收购宝马的计划流产，所以当赫尔伯特执掌帅印挽救宝马需要援助的时候，没能得到这个大股东的支持。好骑手就是要披荆斩棘开辟新路。赫尔伯特找到了两家较小的银行，特林克奥斯和法兰克福银行，他们答应协助承销公司的新股票。赫尔伯特几乎是用父亲给他的全部财产做了担保，承诺吃进两家银行销售剩下的全部股份，这是一个德国经济史上史无前例的股票发行和销售计划。赫尔伯特的破釜沉舟给了中小股东十足的信心，最后535万马克的新股票只有10万没被认购。

赫尔伯特没有动用弟弟哈拉尔德的财产，他遵循父辈的意愿，按照各人的兴趣来发展企业。哈拉尔德对汽车行业感兴趣，但是没达到用全部身家去做赌注的程度，所以赫尔伯特选择单枪匹马出战，他不想连累弟弟。

宝马公司的职员都知道赫尔伯特·科万特对公司的意义，他们满怀感激地谈论他们的领导者。赫尔伯特是一个知人善用、无比睿智的领袖，在这样的领袖手下工作，他们的价值得以最大的体现。赫尔伯特救了宝马，使每个宝马员工都有归属感。或许宝马并入奔驰以后也会因为树大好乘凉而有所发展，但是那就像一个养子在养父的荫庇下虽饱食终日却总觉得名不正言不顺。

赫尔伯特给了员工最大的发展空间，他信任他们，鼓励他们，在这种新的环境里，宝马肌体迅速复苏，而且一日千里，宝马公司上演了死灰复燃的奇迹。公司连续推出多款汽车，深受大众欢迎，有的车型甚至要等上15个月车主才能提到心爱的汽车。他们会迫不及待地驾驶全新的宝马奔驰在各条宽窄不一的街道上。

宝马只属于钟情于它的人。赫尔伯特为了保护哈拉尔德的财产，在唯一一次先斩后奏买了宝马股票后，赫尔伯特就很少让哈拉尔德参与宝马的事情，在焦头烂额的时候他也自己去面对。这样的结果是当宝马成功之时，赫尔伯特理所应当地把宝马给了自己最心爱的女人，也就是他第三任妻子，曾经是他的秘书——约翰娜。其实后来公司的业务都是约翰娜整理成录音资料让赫尔伯特靠着听力来做出决定的，约翰娜是最了解丈夫和宝马的人。

多年以后，赫尔伯特的妻子，也就是接管了宝马公司的约翰娜说，科万特家族史上有两个重要阶段，第一阶段是她的公公君特尔在两次世界大战期间发展和扩大企业规模的时期，另一个就是她的丈夫赫尔伯特·科万特挽救宝马公司的时期。她说她的丈夫挽救宝马公司是需要非凡的勇气的，最初的几年他们遇到了很多麻烦，但是赫尔伯特没有把任何警告和忠告听进耳去，他豁出一切去做了，后来的成功证明他是对的。这些并不是一个妻子对丈夫的溢美之词，而是一个当事人对宝马崛起过程的真实概括。

赫尔伯特·科万特在十字路口上做了一个正确的选择，为自己也为更多的人找到了前进的方向。一首名为《每一步》的

歌曲，把人生路上的艰辛与崎岖、勇敢与达观、梦想与追求都唱了出来。歌的最后一段是这样的："道路段段美好/总是血与汗营造/感激心中主宰/每段道路为我铺/但愿日后更好 /我愿永远莫停步/我要创出新绩 /要用实力做旗号 /道路段段美好/总是血与汗营造/感激心中主宰 /每段道路为我铺/但愿日后更好/我愿永远莫停步/和平宁静快乐是我的歌谱。"愿每个人走好每一步，步步都精彩。

第四节　创业难，守成更难

> 一粥一饭，当思来处不易；半丝半缕，
> 恒念物力维艰。
>
> ——朱用纯

中国的全盛时期是唐朝，当时疆域辽阔，四海升平，进贡朝圣者络绎不绝。可是，唐朝经历了贞观之治、开元盛世之后也逐渐衰落，可见唐太宗李世民纵使文韬武略，也不能实现永葆万世基业的梦想。一个翻手为云覆手为雨的皇帝不能守成，其他的创业者想子子孙孙无穷匮也，也是难上加难的。不

过，如果能安排得当，成功还是能得到延续的。当年李世民把皇位传给了善良宽厚的李治，希望以"仁"治天下，从而天下无敌，但是李治最终因为一场轰轰烈烈的爱情而失去了李唐江山。虽说武则天曾是李家的女人，但是她后来自立为王，把国号都改了，这就真的夺走了李世民的"大唐"天下。所以，创业难，守成更难，作为创业者，要有下棋时的远见，好在科万特一家都有这种远见。

1982年6月，当赫尔伯特突然病逝于亲戚家的时候，科万特家族的财产已经比他接手的时候多了四倍。他共有几十家公司和7000多名员工，如果这些财产和责任不能处理好，连锁的问题将呈现几何倍数增长，后果不堪设想。但是一切正常，因为具有远见卓识的赫尔伯特早就立好了遗嘱，这是他为科万特家族做的最后一件事，也是一件关乎家族命运的大事，他又做对了。

赫尔伯特总能从父辈那里得到启发。君特尔有一个朋友叫罗伯特·格尔林，在君特尔淡出家族事业但仍大权在握的时候，他目睹了这个朋友的三个儿子为了争夺家产反目成仇的悲剧。他曾从中斡旋，为老朋友保住颜面，但是无济于事，最终罗伯特·格尔林的家事还是闹得满城风雨，一时之间成为别人的谈资，而老朋友一生的心血也损失惨重。为了避免这样的悲剧和闹剧在自己的家族重演，老年君特尔的主要事业就是分配财产，他的分配的确避免了他不愿意看见的结局。赫尔伯特晚年的时候从事的是和他父亲一样的工作——分配巨额财产。他看到了父亲分配的成功，确立了基本原则，只是要比父亲辛苦些，因为他的财产比父亲留给他们兄弟的多得多，他的孩子也比父亲的多得多。

人无远虑必有近忧，赫尔伯特高瞻远瞩，把后面可能出现的障碍都清除掉，尽量让孩子们的道路更平坦些，这也最大程度地保全了祖辈留下来的财产。

凡事说得容易做起来难，更何况是以亿为单位的财产分割。赫尔伯特一生有三次婚姻，共有6个孩子，弟弟哈拉尔德有5个孩子。都说龙生九子各有不同，这11个孩子将来在公司的发展上很难保持一致，如果等到那时候四分五裂破坏了感情，还不如防患于未然。而且赫尔伯特以他自己对人的观察能力判断说："更何况我没看出来哪个孩子能继承这么庞大的事业。"

赫尔伯特早就把弟弟的财产按照弟弟的遗孀英格的意愿分给她们了，五姐妹没有再分割。赫尔伯特能够妥善地处理财务问题成为德国商界一段美谈。只剩下自己这三房太太和他们的孩子了。

再难的题也难不倒赫尔伯特·科万特，他终于给出了答案。

科万特家族的宝马神话

回顾赫尔伯特73年的人生，事业壮丽辉煌，家庭枝繁叶茂。赫尔伯特有三次婚姻，感情道路比较波折，但是最后他在约翰娜那里找到了归宿。科万特家的男人都重情重义，就像当年玛格达离开科万特家以后，她竟与君特尔成了朋友。被称为第三帝国第一夫人的玛格达，虽然与君特尔婚姻破裂，但是她一生只对君特尔·科万特说过她内心的无限感慨和彻底绝望。君特尔对玛格达的红杏出墙不能容忍，但是他相当有风度，在离婚的时候给了玛格达一大笔财产，这笔财产里也包括后来希特勒都非常喜欢的一个农庄。玛格达与第二任丈夫戈培尔的婚礼就是在君特尔给她的农庄里举办的。

赫尔伯特与父亲君特尔一样，无论哪一个妻子生的孩子他都要照顾到。据说赫尔伯特后半生的大部分精力都用在给妻子儿女分配自己的巨额财富上。他依据的不是个人情感，而是坚持父亲权利共享责任分担的原则。现在看来他成功了，赫尔伯特的6个孩子都成了亿万富翁，他们并不都在一起，可是处理各自事务的时候都以科万特家族的荣誉为重。

不患贫患不均，放诸四海而皆准。

赫尔伯特把财产分为三部分，他尽量考虑子女们的兴趣爱好和个人能力进行平均分配。赫尔伯特对自己巨额财产的分配几近完美，以至于后来很多商人把他的分配方式当作教材来学习。

据公开报道，赫尔伯特对财产的分配从他活着开始一直持续到过世后的好几年，可见他财产数量的可观和分配的艰难。

赫尔伯特的第一次婚姻维持的时间不长，从1933年到1940年，妻子乌瑟尔·明斯特曼留给他一个女儿，名叫西尔维娅，1937年出生。赫尔伯特最先给长女分配了财产，他认为应该让孩子们提前得到遗产，去做自己想做的事情。西尔维娅得到的是非企业性财产，即涉及好多领域的多个公司的大笔股票和非常可观的房地产。

1978年7月，赫尔伯特第二次婚姻的三个孩子得到了父亲的馈赠。赫尔伯特与第二任妻子莉茨洛特·布洛贝尔特共有三个孩子，两女一男。女儿苏娅和萨比娜，儿子斯文，他们姐弟三人得到的是祖父最钟爱的由父亲壮大的家族核心产业瓦尔塔电池股份公司，他们得到了该公司100%的股份。

现实版的"灰姑娘与王子"的故事讲的就是赫尔伯特的第三次婚姻——赫尔伯特晚年娶了自己的秘书约翰娜。虽然年龄相差悬殊，但是两人恩爱异常，赫尔伯特把自己一生最重要的事业交给了最心爱的女人约翰娜和他们的孩子苏珊娜与斯台凡。赫尔伯特同样把财产分成三份给了母子三人，目的是更好地管理和有效地避税。她们母子三人分得一份宝马集团的股份，总和为宝马股份的46%，约合110亿欧元。女儿苏珊娜另外分得家族传统药业阿尔塔纳50.1%的股份，儿子另外分得德尔通公司100%的股权。还有一些企业财产是归这三人共同所有，比如三人份额平均地拥有美国Datacard公司100%的股份。母子三人后来一直一起参与家族产业的管理，他们有一个家庭办公室，办公室负责人把公司的事务做成三份一样的报告分别交给三人。在有分工、有协作的管理模式中科万特家族的事业仍然蒸蒸日上。赫尔伯特·科万特继承了家族事业，并且科学地分配了自己的产业，他创造性地采用了无税分配实物和分割工业财产的模式，在20世纪90年代德国工业重组过程中，他的这种财产分配方式成为富豪商贾广为效仿的模式。

赫尔伯特是一个能看到机会并抓住机会的淘金者，也是一个能创造财富并延续财富的企业家，他站在巨人的肩膀上，仍然做到青出于蓝胜于蓝，这个差不多一生都在模糊的世界里活着的人，为身外的世界带来了清晰可见的成功传奇。

第五节　爱是守护，不是放逐

> 取得成就时坚持不懈，要比遭到失败时
> 顽强不屈更重要。
>
> ——拉罗什夫科

常说木秀于林风必摧之，在越来越激烈的商业竞争中，宝马公司岿然不动，科万特家族依然屹立不倒。现在的科万特家族以赫尔伯特·科万特这一脉为代表，母子三人以百亿为单位计算的财富把科万特家族写在各个排行榜中。当强大的现代媒体揭开了他们神秘的面纱之后，终于看见了神奇的宝马品牌后面一个个神奇的驭手。可以看见他们对家族的信条有坚守，对自己的行为有节制，即便是家族成员犯过每个成年人都可能犯的错误，他们（她们）也能及时改正，把正义和良知当作最重要的砝码，慎终追远，他们赢得的是湛蓝的天空、澄澈的世界。

苏轼的《水调歌头》里有一句大家耳熟能详——"月有阴晴圆缺，人有悲欢离合"，但也只是"但愿人长久，千里共婵娟"。我们不能永远和我们心爱的人在一起，当灾难降临的时候，我们会用不同的方式去面对——做个坚强的人还是做个脆弱的人，结果当然不同，虽然都有对离别的不舍和对逝去的人的留恋，但是相信所有逝去的人都愿爱他的人得到宁静和幸福。赫尔伯特的弟妹在忧伤中抛下了年幼的孩子，又一次给孩子们带来了伤害，尽管她深爱哈拉尔德，但是她没有把哈拉尔德对孩子的爱传递下去，这种爱是狭隘的。而赫尔伯特的妻子约翰娜·科万特则对丈夫信守了爱的承诺，她发展了他的公司，教育好了他们的孩子。

如果说赫尔伯特·科万特是宝马皇帝，那么如今他的第三任妻子约翰娜·科万特应该就是宝马的皇太后了，因为赫尔伯特去世后，他把他所拥有的宝马公司的全部股份都交给了约翰娜。约翰娜没有辜负丈夫的信任，宝马在她的手里依旧神勇，宝马在全世界豪华车的队伍里一路飞驰，成为科万特家族宝库里最优秀的一匹骏马。

如今科万特家族的财富大部分掌握在女性手里，赫尔伯特去世后，他的妻子和女儿的财产比儿子的多，哈拉尔德和妻子英格去世后所有的财产都给了五个女儿，但是这些都是科万特家族的财富，不是男人和女人的财富。在面对父辈们的心血时，科万特家族的每一个人都牢记自己的血管里流着科万特家族的血。

曾被美国《福布斯》杂志尊为欧洲第一富婆的约翰娜·科万特是她丈夫赫尔伯特生命的延续。这个如童话故事里灰姑娘一样的女子为科万特家族事业的繁荣表现出了卓越的能力。巾帼不让须眉，在约翰娜逐渐退居幕后的时候，丈夫留给她的财产已经增值了10倍。

1930年出生于一个工人家庭的女婴——约翰娜不会想到有一天她能成为世界财富风云榜上的热点人物，1950年当她在科万特家族企业的食堂里做一个最普通的员工的时候，她不会想到有一天自己能成为赫尔伯特的秘书。当她凭借辛勤的劳动和过人的智慧成为赫尔伯特最依赖的助手的时候，她也不会想到自己会成为这个亿万富翁最爱的女人。这个身材娇小的女子工作了10年以后成了老板的妻子，当时她30岁。在丈夫去世后她继承了丈夫的财产也继承了丈夫的事业，52岁的她从那天开始苦心经营，为科万特家族财富史续写了辉煌。

约翰娜对丈夫最大的爱就在于她没有挥霍丈夫留给她的巨额财产，而是依旧沿着丈夫的道路不断前进。约翰娜和赫尔伯特是对模范夫妻，赫尔伯特活着的时候他们夫唱妇随，赫尔伯特的眼睛不好，他对公司业务的了解几乎都是通过约翰娜整理成的录音资料来完成的。所以赫尔伯特离不开这样一个好助手，约翰娜也熟悉了赫尔伯特的一切。也正因为这样，约翰娜在赫尔伯特身边做了多年的秘书，以后又成为赫尔伯特最信赖

的妻子。在赫尔伯特去世以后，约翰娜也自然而然地接管了丈夫的工作，因为那些数据、人才、报告等都成了她生活的一部分，她丝毫不用去学习就了然于胸。

约翰娜·科万特在赫尔伯特去世后身兼数职，她在不同企业担任监事会成员。约翰娜不善言辞，从不夸夸其谈，但是在表明意见的时候总是很坚定，让人难以违背。尤其是在处理与宝马有关的事务时，约翰娜总是柔中带刚、绝不让步，因为她太知道宝马对丈夫意味着什么了，她是伴着丈夫度过宝马最艰难的复苏期的。

宝马公司在赫尔伯特手里光芒四射以后，戴姆勒奔驰和宝马的竞争就越发激烈。当年赫尔伯特作为戴姆勒奔驰的监事会成员，不仅阻止了戴姆勒奔驰对宝马收购，还使出浑身解数把宝马发展成与戴姆勒奔驰旗鼓相当的超级公司。这样宝马与戴姆勒奔驰的关系就始终很尴尬，他们的较量也就始终没有停止过。福特公司的眼睛也没有离开过宝马，总裁亨利二世对宝马收购之心一直不死。这样的一个超级公司，一个女人和她的孩子们能不能掌控得好呢？

赫尔伯特在世时，他善用人才，从手段强硬的哈恩曼到后起之秀冯·金海姆，宝马公司的发展令所有的人瞠目。赫尔伯特虽然在82岁高龄时才离世，但仍然比较突然，突发的心脏病没有让家人有更多的准备，赫尔伯特很匆忙地把偌大的家业留给了爱妻约翰娜。约翰娜不辱使命，她一边沿用丈夫的管理制度，对宝马的管理无为而治，一边关注世界汽车行业的动态，在宝马公司重大决策上做出应有的判断。

1994年，宝马公司新任主席毕睿德用8亿英镑购得英国罗孚汽车集团旗下的路虎、罗孚、MG、MINI四个品牌，但是在运作中发生失误，罗孚品牌成了一个大包袱。约翰娜在给了毕睿德几年的机会后，看到罗孚已经失败，她不再犹豫，做出卖掉罗孚、路虎和MG的决定，只保留一个发展得最好的MINI。而且约翰娜炒掉了让公司亏损的毕睿德，虽然毕睿德不是恶意，但是在商言商，他真的不能在宝马立足了。

约翰娜读懂了科万特家族经商的秘诀，一位作家对这个秘诀是这样概括的："这个家庭的历史有一条线：历代的科万特们从来都不固守于某个企业或某个行业。一旦发现某个经济枝杈在走上坡路，或另一个经济枝杈在走下坡路，他们就会重组他们的财产。"约翰娜对后一部分的理解相当到位，她迅速地收拢资金，对宝马的新产品大举投入，把宝马从罗孚带来的窒息中解脱出来。宝马X5系列推出以后公司的营业额再度攀升。

因为约翰娜还记得丈夫的话——"企业要靠自己的力量发展"。当然，约翰娜也并没有完全遵照科万特家族的遗训，她还是"固守了某个行业"。面对福特主人亨利二世的高价收购

诱惑，约翰娜不为所动，她一定要守住宝马，不能让宝马在她手中离开科万特家族。

亨利·福特对宝马一直都情有独钟。当年赫尔伯特接管宝马时众声喧哗，多是否定和质疑，而亨利则表示出了对赫尔伯特的赞同，在精神上支持了孤独的赫尔伯特，所以赫尔伯特与亨利关系始终很好。1987年夏天，亨利福特再一次飞到德国巴德洪堡面见宝马第一夫人约翰娜·科万特，他的目的依然明确，他要收购宝马。

"好了，亨利，我知道你来这里的目的了。"赫尔伯特·科万特的夫人约翰娜用她标准的英语对这个痴情于宝马公司的客人说，"我用那些钱来干什么呢？"约翰娜用这个反问句再一次拒绝了亨利福特收购宝马的要求。

亨利福特看着这个亿万富婆哑口无言，是的，她要那么多钱干什么呢？她为什么要卖掉她和她的丈夫情感的见证呢？

沮丧的亨利福特不得不失望地离开约翰娜的别墅，离开之前，他得到了一个承诺：如果她决定出售宝马公司，那么她一定会卖给他。

可是约翰娜什么时候才能卖掉宝马呢？

爱是守护，不是放逐。

而且，我们不能把自己的梦建立在别人的放弃上。

第六节　鱼与渔的传承

> 唯一能持久的竞争优势是胜过竞争对手的学习能力。
>
> ——盖亚斯

授人以鱼不如授人以渔。科万特家族的事业代代继承、代代发展，如今已经到第四代了。

中国俗语说"富不过三代"，或说"君子之泽，五世而斩"，都说富贵、家声的延续时间不会太长，而且这种说法从一些数据上看也不无道理。据统计，2013年全球富豪榜上1400多人，有四分之一的富豪财产来源为继承，但这种继承普遍到第二代为止，继承超过三代的仅有22位。

但是凡事不会太绝对，再看2006年《胡润全球最古老的的家族企业榜》，上面共有100家长寿企业。第一名是日本大阪寺庙建筑企业金刚组，传到第40代，已经有1400多年的历史，比一些国家的历史还要长。这100个家族企业里最短的记录也超过了225年的历史。

历史风云变幻，商海浮浮沉沉，有的家族企业如落叶遇秋风，一季而凋，有的却如松柏长青不倒。就像托尔斯泰说家庭的幸福一样，幸福的家庭都一样，而不幸的家庭各有各的不幸。那些倒下去的家族企业各有各的原因，而屹立不倒的家族都有一个共同的原因，那就是他们绝不会把家族的财富当作寄生虫的温床。

被称为"日本巴菲特"的系山英太郎的父亲佐佐木真太郎是1969年的日本首富，是日本高尔夫界大亨，但是系山英太郎的财富并不是父亲赠予的。作为私生子，系山英太郎没有得到父亲在经济方面的资助，这并不是因为他的出身，而是因为佐佐木真太郎不能白白把金钱交给一个不讲诚信的浪荡子。系山英太郎聪明绝顶，曾经创下汽车推销员销售记录。一个月薪2万日元的二手车推销员，一年之内卖出77辆汽车，为公司盈利4000多万。小有成就的他自立门户，但他不顾公司信誉挥霍客户的定金，因而陷入困境。在一筹莫展的时候他去求助他的富豪爸爸，父亲给出的回答是"如果你愿意卖身给我，我可以给你35万，但今后你要对我言听计从。"无可奈何，系山英太郎成了父亲手下最不起眼的一个球童。

面对一个胆敢动用客户定金的败家子，佐佐木真太郎没有心慈手软，但他没有断了儿子的后路，却让儿子从零开始。几年以后，系山英太郎成为日本政界、商界青年才俊，成为父亲的骄傲。

1942年6月4日出生的系山英太郎毕业于日本大学经济系，他学以致用却并不尽信书本，对股票市场了解得如掌上的纹理一样清楚。他30岁就拥有几十亿资产，经营18家公司，是日本航空最大的股东，也是三菱重工最大的个人股东，个人投资4150亿日元。系山英太郎是唯一一个连续10年登上《福布斯》"全球亿万富翁排行榜"的日本人。他32岁进入政坛，成为日本最年轻的参议员，做过首相中曾根康弘的秘书。1996年系山英太郎退出政界，全力经商，他买进了父亲所有的高尔夫球场，身价不断增长，在日本富豪中排行第三。系山英太郎的锋芒一时之间无出其右，可是，如果当年他的父亲任他挥霍无度和胡作非为，那还会不会有今天的系山英太郎吗？

父亲佐佐木真太郎给儿子系山英太郎的是钓鱼的本领，让儿子读书武装了他的头脑，让儿子从底层做起使他看懂了社会，这就是伟大的父亲为孩子做的最有意义的事情。

科万特家族的第四代在《福布斯》排行榜上已经连年有名。不错，他们的财产是继承而来，但是他们继承这财产已经二十几年了。他们没有让家族产业缩水，而是让产业继续扩大。他们得到了父亲给的"鱼"，也用好了父辈给的"渔"。

苏珊娜·克拉滕是科万特家族的第四代女继承人，他是赫尔伯特与约翰娜的第一个女儿。苏珊娜·克拉滕虽为女流，但

是在经商方面绝对不比她的天才父亲差。

近年来全球经济萎靡不振，德国的经济发展也很缓慢，但是德国宝马公司和阿尔塔纳制药公司却宣布他们的营业额有增无减。这两家公司有一个共同的决策人——苏珊娜·克拉滕。苏珊娜拥有阿尔塔纳制药公司50.1%的股份、宝马汽车集团12.5%的股份，是宝马公司监事会成员。

苏珊娜曾经就读于英国伯明翰大学，获得企业管理学士学位，又在瑞士的洛桑大学读完MBA，打下了良好的企业管理和经济学理论基础。虽然她出身豪门，但是她从不炫富浮夸，而是勤勉好学、严格要求自己。她没有把自己当作科万特家的公主直接插手家族生意，而是从底层做起，切切实实地了解企业内部的各个环节。她隐姓埋名，在多家银行和公司工作过，积累了丰富的经验。在众多体验中，最为人称道的是她在宝马公司做实习生的经历。当年一个小小的实习生最后变身为宝马公司最重要的董事，这也是宝马公司的一段佳话。而且苏珊娜也正是在宝马公司实习阶段与现在的丈夫相识并相爱，成就了一段宝马姻缘。

苏珊娜是一个很果断的女人，她与母亲和弟弟共同拥有宝马公司近半数的股票，使得宝马公司仍然紧紧握在科万特家族的手里。随着年事已高的母亲淡出公司的管理，苏珊娜成了公司的主宰，尽管她也不出现在前台。据熟知宝马公司监事会的人透露，苏珊娜对宝马公司的命运可说至关重要，她实际上控制着宝马公司的一切，包括公司总裁的替换，这个说法好像没错。

科万特一家在商场上长袖善舞，但一直都很低调。赫尔伯特、约翰娜、苏珊娜、斯科凡都很少出现在公众场合。他们一直居于幕后，只是从未放松对公司的管理。

当年宝马决策失误，身陷罗孚汽车收购危机，罗孚由一块肥肉变成了鸡肋，最后连鸡肋都不如了。约翰娜和苏珊娜两个女人做出了卖掉罗孚的决定。苏珊娜在董事会上坚持将亏损的罗孚卖掉，并主张将推行这一错误方案的高级经理换掉。当机立断，这是一个优秀商人必须具备的素质。

作为一个成功的商人，苏珊娜掌握了商场的规范并在其中游刃有余，她同样也要给自己的孩子钓鱼的本领。苏珊娜结婚后生了三个孩子，她对孩子的教育也很讲究方法，她让孩子们在生活中学会管理自己。一次，7岁的女儿要跟同学们去郊游，出发前苏珊娜发现女儿忘了把食物和手电装入背包，但她没有提醒女儿，结果郊游回来的女儿饿得面色发黄。苏珊娜问发生了什么事儿，女儿说自己因为粗心大意没带食物和手电，苏珊娜没有责备女儿，她和女儿一起分析了原因，最后女儿表示以后出门一定要先列一个物品清单，不让类似的情形再发生。

这就是一个连续多年荣登《福布斯》全球亿万富豪排行榜前100名的女人苏珊娜，她自己是一个生活的强者，撑起了父亲的事业，她的孩子也会继承她的衣钵，做一个生活的强者。

其实纵观科万特家族领军人物的成长史，他们都是从底层做起的，都是把勤奋与智慧结合起来才获得成功的。当年的君特尔从纺织车间起步，后来的赫尔伯特从电池厂出发，到苏珊娜的时候从小职员做起，他们都是站在巨人的肩头却从不放纵也不会挥霍人生的人，所以他们的人生因充实而多彩。

今天，科万特家族富已经过了三代，第四代风头正劲，希望这个家族的成员承袭祖辈的良好家风，延续五代乃至更长的时间。时代在变，我们会不会给我们的子孙留下可以永远流传的基业？

⊕BMW⊕

第四章　宝马走向胜利

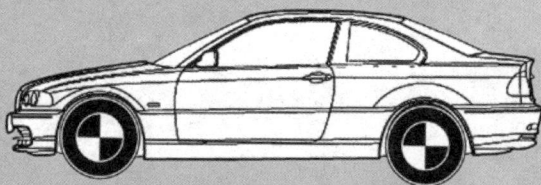

◎BMW◎

第一节　纵观宝马历史

变者，天下之公理也。

—— 梁启超

　　了不起的世界名牌，说不尽的宝马故事。经过一个世纪的风雨洗礼，宝马已经完美蜕变，从飞机一跃九天到双轮摩托车一骑绝尘，从"借腹生子"到独步一方，经历生死考验，饱受战争摧残，宝马在伟大骑手的驾驭下走出了一条并不平坦但越来越宽广的大路。

　　"夫事有常变，理有穷通。故事有今不可行而可豫定者，为后之福；有今可行，而不可永定者，为后之祸。其理在于审时度势，与本末强弱耳。"这段话出自清代太平天国领导层重要人物洪仁玕的《资政新篇》。洪仁玕是太平天国天王洪秀全的族弟，对西方文明见识较深，他的话主要是说世事多变，穷通互转，只有看清时局才能有一个好结果。从BFW到BMW，中间经历了宝马的转型和重组，每一次都只有一个必然的结果。

和创造世界名牌的人

一起放飞梦想

Let the dream fly

19世纪末，人类对科技的掌握和使用已经使生活发生了质的改变。1986年1月29日卡尔·奔驰公开展出一辆用汽油内燃机驱动的汽车，这一天也被定为汽车的生日，7个月后戈特利布·戴姆勒也推出了四轮汽车，40年后，两家公司联姻，成为德国乃至世界最强大的汽车公司。1896年，美国人亨利·福特的汽车也制造成功，汽车工业逐渐在各个发达国家崛起。1903年，美国人莱特兄弟的飞机试飞成功，人类在天空的行动速度大幅度提高，改变了热气球时代危险而缓慢的空中旅行。

现在让我们宏观地回顾一下宝马的历史。

宝马的发展曲线如山的线条起起伏伏，20世纪10年代搏击长空，20年代回落地面扬名立万，30年代创造汽车制造的第一个高峰，40年代被战争所累跌入谷底，50年代苦苦挣扎几近消亡，60年代遇明主再创佳绩，70年代人才辈出节节攀升，80年代风物放眼步步为营，90年代收购失败停滞不前，21世纪以后抓住机遇达到历史最高点。纵观宝马近百年命运起承转合，几起几落循环不断，宝马是一条层峦叠嶂绵延不绝的山脉，宝马也如山一般伟岸、挺拔不倒。

宝马也有一个不幸的"童年"和"青年"时代——前科万特时代，彼时的宝马之路可以说崎岖坎坷。一个企业和一个人有着相似的命运，往往因为初创时期的艰难才让人越发珍视，也因珍视才多出几分慎重，多出几分投入，而这多出来的几分慎重和投入，或许就成就了一个奇迹。

宝马的汽车梦真是宝马历代统领百折不挠、九死未悔并以惊人的毅力坚持才得以实现的。

纵观世界上超级公司的崛起，好像再也没有比宝马命运多舛的了。1913年，吉斯坦·奥托在德国巴伐利亚州慕尼黑北郊的一个机场附近成立了一家飞机发动机制造厂，名叫吉斯坦·奥托航空机械制造厂。吉斯坦出身名门，他很早就接触了机械知识，而且颇有建树，他们的发动机质量很好，被德军采用安装在战斗机上。但是一墙之隔的卡尔·斐德利希·拉普的飞机引擎制造厂与吉斯坦·奥托的飞机制造厂展开了激烈的竞争。吉斯坦在技术上占有优势，但是拉普在经营上经验老到，两家飞机制造厂的竞争越来越激烈。

吉斯坦·奥托在发动机技术方面被德军飞行员们认可，但因造价太高被德国政府催促尽快改进，这样的要求对一个小公司来说过于苛刻，比邻而居的拉普公司又步步紧逼，求胜心切的吉斯坦·奥托无法承受来自于各方的压力而精神崩溃，一度被送进精神病院接受治疗。这样的状态不能使公司正常运转，吉斯坦·奥托为了生存不得不以丧失公司独立性为代价与杰克·莎柏奴合作。第一次世界大战爆发要求增加飞机产量，同时为了增强与拉普公司的竞争能力，吉斯坦找了一个合作伙伴，这个人是戴姆勒奔驰公司股东之一的杰克·莎柏奴，1916

年3月7日两人的新公司诞生，名字为巴伐利亚飞机制造厂，德语为Bayerische Flugzeug Werke，简称为BFW，这一天也被宝马公司看成公司的创始日。

但是不久以后吉斯坦·奥托由于经济和健康原因退出了公司，杰克·莎柏奴成为实际控股人。由于德国是第一次世界大战的战败国，《凡尔赛条约》规定德国禁止生产作为"战争武器"的飞机，一直与德国军方合作的BFW失去了一大批订单，公司财务出现严重问题，最后吉斯坦·奥托被迫出让公司的全部股份另起炉灶，但仍以失败告终，最后吉斯坦·奥托含恨而死。为了生存，BFW开始重组，公司有了两位新老板，一位是杰克·莎柏奴，另一位是甘美路·卡斯丁哥尼，这两个人在宝马公司发展中起到了举足轻重的作用。在公司第一次发行股票时，时任奥地利皇帝御用投资顾问的甘美路·卡斯丁哥尼拥有公司三分之一的股份，而后来在宝马开始生产汽车时，是杰克·莎柏奴想到了曲径通幽、借腹生子的办法。

而拉普的公司也并不好过，尽管拉普也自主研发发动机，但是研发的结果总是令人失望的。拉普的技术不过硬，不能在发动机的技术上与吉斯坦一较高下。为了压制技术领先的吉斯坦·奥托的公司，他们不断扩张，但适得其反，最终一败涂地。他千方百计签下了一份替戴姆勒航空发动机代工V12发动机的合同，并通过银行贷款扩大生产规模。但是拉普的计划没能如愿，盲目扩张导致拉普陷入财务危机，最后拉普抑郁而终，他一手创立的公司被奥地利工业大亨约瑟夫·帕普接管。

1917年7月帕普将工厂改名为巴伐利亚发动机有限公司，德语为Bayerische Motoren Werke GmbH，缩写为BMW，帕普出任公司总裁。当时正值第一次世界大战期间，BMW是军需供应商，为了保证数量，BMW在市郊一个军用机场附近设置了大型的工厂，为军方提供军用飞机引擎直到1918年。1918年8月13日，BMW改制为股份公司形态，名字为Bayerische Motoren Werke AG，缩写仍为BMW。

究竟是在什么样的情况下BFW与BMW走到了一起不得而知，总之当初争得不可开交的两家飞机发动机制造公司后来联姻形成了今天的BMW，新的BMW把生日定为吉斯坦·奥托用巴伐利亚为公司命名的那一天，而把经过帕普改过的卡尔·拉普公司的商标保留了下来，真可谓你中有我、我中有你。

第一次世界大战后BFW与BMW的联手是宝马的一次新生，是尖端技术与科学管理的完美结合。如果没有第二次世界大战，宝马也许早就和戴姆勒奔驰比肩了。

汽车和飞机的出现标志着交通运输新纪元的到来，也意味着现代工业领域的不断扩大。而飞机和汽车相比，可能汽车的市场更为广阔，因为其实用方面的优越性使其成为最佳的交通工具，所以很多从事飞机制造业的工厂都纷纷转型，这里就包括了戴姆勒公司和宝马公司，当然这两家公司的转型还有一些不得已的原因。

一个飞机制造厂与一个汽车制造厂之间的关系往往没那么神秘，掌握了核心技术，飞身上蓝天与奔跑在大地不过是股掌之间，20世纪戴姆勒公司和宝马公司都做到了，只是一个比较顺利，另一个比较艰难。戴姆勒与宝马也成了世纪冤家，百年来的较量为速度与力量的世界增添了浓重的竞技色彩。

在汽车这个以科技为生命的领域，谁能勇闯天涯、独占鳌头永远是一个未知数。审时度势是经过理性思考后确定的发展方向，科技为先是企业生命力的保障，有了这两样，但是后来者未必不能成为居上者，BMW虽然命运多舛，但是它的前途注定是光明的。

第一次世界大战终结了宝马的空中情缘。作为战败国的德国不能生产飞机，以为军方提供飞机引擎为生的宝马只能另谋出路。因为失去了军方的订单，宝马囊中羞涩，为了生存，公司开始寻找出路。

无论是个人还是企业，最重要的就是不断地调整思路，找到属于自己的领域。BMW虽然不能生产和销售飞机发动机了，但是发动机技术还是BMW的灵魂，只要灵魂没有迷失方向，一切都有希望。

在绝望之上往往蕴藏更大的生机。有这样一个故事，从前有个林场主靠着茂密的森林财源滚滚。有一天工人们正在紧张地工作，林场主看着粗壮的木料一根根从林子里运出来，好像看到了一捆捆的钞票正走进他的口袋，他笑逐颜开。可是天有不测风云，林场的深处忽然传来一种很奇怪的声音，大家好奇地看过去，发现一片火光冲天而起。再也没有比森林大火更可怕的火灾了，经过几天几夜的扑救，大火终于被扑灭了，但留给林场主的却是一片焦木。昔日郁郁葱葱的森林被死寂所代替，那倒在地上的一根根树干就像在战场上牺牲的士兵却连尸体都没人掩埋。凄凉的景象让林场主失魂落魄、痛不欲生，被烧焦的树木是没有办法复原的，绝望笼罩着林场主。

无论怎样都得活下去，林场主不得不拖着沉重的脚步到镇里去买生活用品。当他看见镇里居民的取暖时候他的眼睛突然亮了起来，原来镇上的人们都在用木炭取暖，林场主笑了。

从镇上回来，林场主让工人加班加点的工作，在寒冬到来之前，那些被大火烧焦的树木已经变成了供人取暖的木炭，也变成了大把的钞票进到了林场主的口袋里。

苍翠茂密的森林没有了，但是那些树木的灵魂还在，为人们所用的根本没有变，所以林场主在火灾之后发现了新的商机，救活了自己。如果前面是万丈深渊，执着的结果只能是毁灭。十年树木，如果想再现森林的活力绝非一朝一夕，而换一条路走就别有洞天了。

战争的结束撕毁了BMW的大批订单，但是和平时期的人们还要生活和工作，交通工具必不可少。BMW调整了自己的方向，回到地面，为人们的日常生活提供便利。宝马从研发生产摩托车开始重新启程，终于找到了一条发展之路。

当然，新手上路还是要交一些学费的。宝马重组以后购入了希利奥士摩托车厂的生产权。这次收购唯一的收获就是公司有了生产机动车的权利，因为希利奥士摩托车厂的产品一无是处，产品生产出来就只是增加库存，根本无法获利。

作为一个为飞机提供发动机的工厂，宝马怎么能被一辆摩托车难倒？1922年，BMW研发了自己的第一台摩托车，虽然没有投入生产，但是为公司定下了重要的方向。马克斯·费尔茨是公司的头号功臣，他把设计的500ml风冷水平对置两汽缸摩托车发动机装配在了BMWR-32摩托车上，轴动力传送技术代替了当时普遍采用的链条式传送技术，大大提高了摩托车的速度。1924年BMWR32一投入市场就引起了轰动，宝马迅速占领了摩托车市场。BMWR32是宝马的福星，靠着这款摩托车，宝马赢得了一战后的第一桶金。

宝马在绝望中转型，虽然开始并不顺利，但是因为固守了企业的根本，把技术优势发挥出来，所以很快就自救成功，这也是宝马在日后几次起死回生的秘诀所在。

玉在椟中求善价，钗于奁内待时飞。宝马的发动机技术在

德国堪称第一。1919年6月，装有宝马发动机的双翼飞机飞行高度为9760米，创造了世界纪录，这样的技术如果只是在双轮的摩托车上使用真是暴殄天物，宝马的高层也不甘心只做机械世界里的配角，生产汽车是宝马的终极目标。

有了BMWR32名利双收的基础，宝马开始起跑了。殊不知这一去虽然前途远大，但也是临渊而行非常艰难，几度命悬一线，只因宝马无限魅力不可阻挡，最终才得以峰回路转、纵蹄狂奔。

第二节　因为坎坷，所以珍惜

> 卓越的人一大优点是：在不利与艰难的遭遇里百折不挠。
>
> ——贝多芬

在伤痛中孕育的宝马营养不良，一开始上路就举步维艰。最初的"BMW"是一只迷途的羔羊，在霜刀雪剑、战火纷飞的时代踟蹰前行。宝马在吉斯坦·奥托和卡尔·拉普的两家公司的基础上成立以后一直没能找到市场定位，原因之一就

是第一次世界大战打乱了原来宝马的生产秩序。这家一直为德军提供发动机引擎的工厂，因为德国战败丧失了生产飞机的权利而被迫转型，最初几年甚至靠制造自行车、出售部分厂房维持生计。

宝马于1923年进入摩托车领域，1925年开始研制汽车，逐渐拨云见日。1928年收购了当时在德国很有影响的迪克森汽车公司。这里有必要了解一下迪克森汽车公司，因为这关乎宝马的"借腹生子"。迪克森汽车公司原本隶属于英国埃森那赫汽车制造厂，这家工厂1898年就开始制造汽车，他们的"瓦特堡"汽车在德国很受欢迎。因为宝马在汽车领域还是新手，所以杰克·莎柏奴建议"曲线救国"，通过收购其他品牌的制造权来迅速打开市场，这招"借腹生子"果然很有效，1929年带有"BMW"标志的混血儿Dixi 3/15 PS DA1宝马汽车涌入市场，销量很好。借着BMW Dixi 3/15的东风，宝马于1933年2月德国柏林汽车展上成功推出BMW303为公司正名，宝马开始向德国汽车市场发起冲击。

20世纪30年代对于宝马汽车而言是一个快乐的童年。宝马安装了6汽缸的BMW303，它是在当时著名工程师费迪南的协助下完成的作品。当时这款汽车的宣传口号是"性能卓越近乎完美的德国小型汽车"，这款汽车前水箱栅格部分采用了类似双肾的形状，也是以后BMW汽车双肾栅格的雏形。BMW303

134

价格低廉、维护方便，而且完全摒除英国公司的影响，被称为真正的宝马汽车。因为血统优势，BMW303占尽天时地利人和，深受人们欢迎。宝马乘胜追击，1935年推出首款敞篷跑车BMW315-1及加大排量的BMW319-1，拉开了宝马敞篷跑车生产序幕。尔后1936年宝马首台运动型汽车BMW328问世，这是宝马走出国门的一辆名片车，就是这款汽车的速度让很多见过它的人念念不忘，英国人、美国人也赤裸裸地把BMW328搬到自己的本土，而宝马最怀旧的设计师恩斯特·卢夫在德国的巴登巴登用变身后的BMW328为宝马保留了火种。1937年本来是宝马鲤鱼跃龙门的好机会，BMW326这款宝马第一台四门房车16000辆的销售业绩在二战以前的汽车领域非常高，以这个速度和发展态势宝马应该很快就可以实现进入豪车生产商行列的目标。BMW326就是宝马的成人礼，因为它是宝马房车的鼻祖。

遗憾的是，刚刚成年的宝马遭遇了第二次世界大战，被迫应征入伍，为德军服役。宝马的优势为德国的钢铁部队提供了动力，所以第三帝国的官方对宝马青睐有加，给宝马安排了许多任务。宝马完成了国家交给的任务，也为自己招来了灭顶之灾，1944年7月的厂房被炸和德国本土政权的分裂，宝马位于德国的公司面临土崩瓦解的局面。

德国政权的一分为二为宝马带来的不仅是公司管理权的

分裂问题，也为宝马生产管理带来了打击。1949年5月10日，德国被分裂为东西两部分。当天，德国西部统治机构经过西方占领国当局的同意，宣布将该地区成立为德意志联邦共和国，首都为波恩，13天以后通过了《德意志联邦共和国基本法》。1945年9月20日德意志联邦共和国第一届联邦政府宣告正式成立，翌日英美法三个占领区宣布合并。因为地理位置关系，德意志联邦共和国又被称为西德。

而在德国被前苏联占领的地区也成立了新的政权。1945年10月，前苏联当局将权力移交给了德国东部各级地方政权机构。1946年，德国共产党与德国东部的社会民主党合并，正式组成德国统一社会党，这一党派很快在德国东部政权机构中成为主导力量。1949年10月7日，德国东部人民委员会举行的第9次会议，通过了由社会统一党制定的《民主德国全国阵线宣言》，提出德国人民争取祖国统一的纲领，要求建立统一的德意志民主共和国。同一天，人民委员会通过一项决议，决定成立"临时人民议院"，组织"德意志民主共和国政府"，几天之后前苏联当局发表声明，宣布德国东部全部行政权力正式移交给德意志民主共和国。

德国的一分为二对于原本统一的德国而言是一个灾难，柏林墙阻隔了德国人民的血脉交流，同时对像宝马这样在不同地区建立工厂的集团公司而言更是致命的伤害。

二战结束以前，宝马公司位于德国西部的巴伐利亚州慕尼黑研究中心与位于德国东部的爱森纳赫工厂配合默契，但是一场让德国政权分为两半的战争把宝马拖进了一个深渊，宝马挣扎了7年才从病体沉疴中恢复健康。损失最大的还不是慕尼黑的工厂变成灰烬，而是在东德的部分工厂因政治因素与慕尼黑总部分离了。

1945年以后民主德国的国有企业AU TOVELO开始生产"BMW"汽车，这家汽车工厂是在宝马爱森纳赫汽车制造厂的基础上组建的。由于盟军轰毁的是宝马在慕尼黑的厂部，爱森纳赫侥幸躲过战火并保存得较为完整，所以复产比较顺利。只是因为政治体制原因工厂改为国有制。AU TOVELO掌握着原宝马的图纸、设备，很多二战前的车型被重新生产，宝马37年的杰作BMW326变成所谓的340四处招摇。到1948年，AU TOVELO已经生产5000辆贴有"BMW"商标的汽车。这些"BMW"不仅供给东德政府官员使用，还出口到瑞士、丹麦、瑞典等国家。这令联邦德国政府和宝马公司都难以忍受，于是一纸诉状将民主德国的AU TOVELO工厂告上法庭，最后赢回了自己的商标权。但是输了官司的AU TOVELO将"BMW"改成了"EMW"，新瓶装旧酒地继续生产宝马汽车。他们将原来直接挪用的宝马蓝白两色螺旋桨车标改为红白相间的星形标记，又将发动机编号的首字母由"B"改为

"E"，工厂依旧流水作业、财源滚滚。由于联邦德国与民主德国截然不同的社会体制使正宗的宝马不得不对其放任自流。

联邦德国不能把宝马这样的好品牌拱手相让，所以宝马在盟军炸得面目全非的可怜状态下一点点恢复着体力。巴伐利亚的慕尼黑城郊宝马工厂到1949年以前只靠生产日用品、自行车等没有什么技术含量的初级商品为生。在公司股东的努力下，1949年宝马终于争取到美国人的帮助，他们各取所需，美国人需要宝马为他们生产发动机，宝马需要美国人花花绿绿的钞票。有了一笔资金以后宝马重走老路，又开始通过生产摩托车进入汽车领域。好在宝马的摩托车技术不是一般的好，几年之后他们不仅拯救了自己，还研发了新型BMW501汽车并再度进入汽车市场。当年的BMW501和BMW502被德国民众统称为"巴洛克天使"，可见二战后的宝马在他们心目中的地位是非常高的。

知道宝马发展史的人一定由衷地感叹：宝马真不是普通人能驾驭得了的烈马！即便是重新获得了汽车生产权，也推出了新车，宝马还是入不敷出。在20世纪50年代末，宝马上演了一场被收购和反被收购的惊心动魄的一幕。

1959年，宝马又一次身陷危机，也许是这匹烈马太难驯服，始终不肯安稳前进，宝马的大股东萌生了退意，他们要把宝马卖给一直就想得到并毁掉宝马的戴姆勒奔驰公司。幸而，宝马有一批实力不强但性如烈火的小骑手，他们展开了挽救宝马的生死保卫战，在最后一刻留住了宝马的蓝天白云，等到了宝马的真命天子赫尔伯特·科万特，从而开启了宝马的新时代。

宝马的"童年"和"青年"时代都是青涩的，但是宝马也显示出了它的"天赋"——速度与激情还有一种坚持，也因此在宝马陷入绝境的时候出现了转机，因为是没有人会去拯救一个不肯自救的企业的，换做任何人都一样。所以无论怎样艰难都不能自毁形象，否则就会万劫不复。

第三节　因为热爱，所以成功

> 天才是由于对事业的热爱而发展起来的。简直可以说，天才——就其本质而论——只不过是对事业，对工作的热爱而已。
>
> ——高尔基

"知之者不如好之者，好之者不如乐之者。"出自《论语·雍也第六》，是孔子关于学习与兴趣爱好之间关系的一个论断。意思是说懂得学习的人不如喜欢学习的人，而喜欢学习的人不如以学习为乐趣的人。如果对某个领域感兴趣，那么因为感情投入而产生的能量将无法估计。被称为"宇宙之王"的英国科学家的史蒂芬·威廉·霍金因为热爱科学而不断钻研，克服了全身瘫痪、不能说话等生理障碍，成为世界公认的、不折不扣的强者，被誉为"另一个爱因斯坦"。也正因为热爱，才会有一个个振奋人心的传奇故事，宝马与宝马人之间就是这样的故事集锦。

赫尔伯特·科万特对宝马的介入不仅仅出自于一个商业奇才的敏感，更重要的是他对汽车的热爱。虽然赫尔伯特这一生都不能手握方向盘在公路上前进或后退，但是他可以握紧心中的方向盘在任何一条路上享受风过耳的惬意。

当年赫尔伯特·科万特看到宝马汽车濒临倒闭，他坚决地放弃了那些稳赚不赔的股票而大举收购宝马股票，弟弟哈拉尔德是经济管理学出身，对哥哥这种疯狂的行为虽然不愿接受，但最终还是给了哥哥巨大的支持，因为他知道哥哥对汽车的热爱是超过其他任何一个领域的。哪怕是父亲最得意的电池生产或者救人无数的医药开发，这两个家族企业也拉不回哥哥的心。哥哥甚至宁愿拿这些已经让人很羡慕的财富去做赌注，可以看出赫尔伯特·科万特对汽车的热爱程度有多深，用"狂

热"来形容都不为过。

自从热爱汽车的赫尔伯特·科万特接管了宝马，宝马就像遇到了自己心仪的主人，开始表现出它乖巧温顺而又俊逸狂放的一面。经过60年的岁月磨砺，宝马终于实现了一代奇才赫尔伯特·科万特的汽车梦。今天的宝马是赫尔伯特·科万特、冯·金海姆、鲍勃·卢茨、约翰娜·科万特、苏珊娜·克拉滕等一个个热爱它的人用一腔赤诚和满腹柔情驯化出来的千里名驹。

冯·金海姆对宝马的热爱是内敛的，他用他多年如一日的全情投入证明了自己对宝马的一片深情。为了使宝马顺利发展，冯·金海姆为宝马树人又为宝马守人，当保时捷公司来挖宝马重臣沃尔夫冈·赖策尔的时候冯金海姆坚决不放手。当罗孚汽车收购失败时，已经金盆洗手的冯·金海姆再度出山为宝马坐镇。鲍勃·卢茨当年从通用公司跳槽到宝马时说，不仅是因为宝马给了他高于通用8倍的薪水，更因为宝马给了他一种激情，使他喜欢宝马，热爱宝马。约翰娜·科万特和苏珊娜·克拉滕对宝马的感情自不必赘言，所以宝马是幸运的，那些赫尔伯特没有出现的日子，宝马不过是为了等待而存在，尽管这等待的过程有些痛苦，这等待的时间有些漫长，但这种等待是非常值得的。

宝马公司1949年从AU TOVELO争回了商标权，然而想要

从瓦砾上重建大厦谈何容易。从1916年建厂到1945年，近三十年里宝马经历了两次战争的重创，况且由"军"转"民"不是用语言就能完成的。20世纪50年代末，联邦德国的经济有所升温，但是社会购买力仍十分疲软，尤其是高端商品都是"叫好不叫座"。宝马在这样的经济环境中成了大家可望而不可即的品牌。1956年的宝马年报显示，当年该公司亏损600万马克，而且其后三年都是连续亏损。这样，宝马的去留必然成为股东们最关心的话题。20世纪50年代末，宝马股东谈论最多的就是将公司出售还是引进新的投资者，前者一了百了，后者仍是成败不知。经过一轮又一轮的商讨，宝马大股东们同意了公司德意志银行的方案，那就是把宝马出售给戴姆勒奔驰集团，最后连具体的步骤和时间都确定下来。

一个经营了快50年的品牌说消失就消失也不是一件容易的事。一直热爱汽车的科万特家族第三代领军者——赫尔伯特登台，挽狂澜于既倒，宝马有了新的当家人，这一路狂奔才有了方向，这么多年的左冲右突才算停下来。

也许是民主德国"BMW"的另类身份让联邦政府不能善罢甘休，也许是科万特家族在战争时期的"经济领袖"地位，抑或是宝马公司在战争中对德国的"特殊贡献"，总之，最后宝马还是活了下来，没有沦为戴姆勒奔驰的分母。赫尔伯特接手以后，德国政府为宝马投资1千万马克的资金以保全这个有潜力的品牌，德国曼公司还为宝马贷款2千万马克，宝马得救了。

1963年的时候宝马扭亏为盈，实现了华丽的蜕变。宝马在机械制造领域迅猛崛起，就像赛道上的一匹"黑马"在冲出围栏后，带着蓝天白云的号码牌后发先至，引发一阵阵惊呼。

从20世纪60年代开始宝马蒸蒸日上，70年代宝马经营更为成功，即使是波及全球的石油危机也没有对其产生太大的影响。1975年，全球轿车产量下降16%，联邦德国却上升5%，宝马公司则上升23%。自赫尔伯特·科万特时代开始，宝马就成为汽车产业的一个神话。多年来宝马已经成为同业者的范例，宝马业绩骄人，早已成为跨国公司。上世纪90年代末，罗孚汽车的收购曾使宝马增长乏力，但是宝马最终还是妥善地处理了收购失败的问题，并在新世纪成功收购劳斯莱斯。宝马10年内的两次收购为自己麾下增添了两员猛将，加上宝马原有的品牌，宝马下属宝马、MINI、劳斯莱斯，这三驾马车同时前进，联创新高。2011年宝马销量创造豪车记录，高达170万辆，超过了奔驰的138万辆和奥迪的130万辆。2012年宝马全年的汽车销量比2011年增加了10万辆，达到180万辆，又是一个让任何车企艳羡不已的数字。

这不是一个科普读物，但是数字的说服力我们是不能否认的，这些数字里蕴藏着宝马人的汗水与柔情，它们是成功的代名词。

第四节　宝贵的车标

博观而约取，厚积而薄发。

——苏轼

一个人的成功绝非偶然，一个企业能经营百年也必定不是偶然。宝马多年来如一只辛勤的珠贝，孕育出一颗颗硕大无比的明珠，多彩珍贵却不招摇，宝马把历史穿成一条项链，装点了自己，美丽了世界。

"哇塞，又是宝马！"

"看，保时捷卡宴！"

"呵，凯迪拉克作婚礼头车！"

随着经济的快速发展，宝马、奔驰、凯迪拉克、保时捷、路虎都已经是路上的常见车了，可是这些车又都不是普通人能够拥有的，它们依旧是成功的标志、财富的象征。

"宝马车标什么意思你懂吗？"

几个人看着绝尘而去的BMW730i议论着。

"不就是蓝天白云，一是表示宝马前身是制造飞机引擎的，所以用了蓝白相间的螺旋桨造型，二是象征自由与梦想。"一个人很骄傲地说。

"不是，我曾经看过一个资料，说宝马公司建在德国巴伐利亚州，而巴伐利亚州的州旗就是蓝白两色，为了证明宝马的血统纯正，才用了蓝白两色。"另一个人说。

其实关于宝马车标的含义怎么理解都可以，蓝白相间的螺旋桨造型简洁而高雅，尽管宝马公司的官方解释是后一个人说的那种，但是第一个人的解释也不无道理。而且对我们而言，当那个醒目明亮的车标出现在我们眼前的时候，脑海里显现的就是成功的尊贵。

是的，"BMW"这三个字母的组合代表了成功，也代表了尊贵，这份荣耀因宝马近百年跌宕起伏的历史而更显厚重。

世界上名车的车标都有自己的故事。梅赛德斯-奔驰的三叉星寒光闪闪锋芒毕露，奥迪的四环紧密结合牢不可破，萨博的头戴王冠的鹰狮意欲征服世界，玛莎拉蒂的海神利器三叉戟像海洋一样激情澎湃，法拉利的奋蹄奔跑的黑马，兰博基尼那愤怒的公牛，这些都与代表了它们所属的汽车最大的特点。同这些顶级豪车相比，宝马的车标毫不逊色。

宝马的车标自20世纪20年代第一次用在R-32摩托车上开始就没变过。简洁的圆环包蕴着宝马不老的生命内核。

"BMW"是公司名字的首字母，德语为Bayerische Motoren Werke，英文为Bavarian Motor Works，德语与英语有共同的祖先，所以宝马公司的德语与英语写法虽然不同，首字母的组合却完全一样，这为宝马在全世界奔跑跨越了一道语言障碍。公司首字母环绕的圆形由清澈的蓝色和白色均匀地分割，形成了一个立体图案。有人说这蓝白相间的图案，是蓝天与白云的象征，呈十字分割意指蓝色为天空，白色为螺旋桨，因为宝马公司的前身是一家飞机制造厂，所以与蓝天结缘，用了这样的标识。还有一种说法是宝马厂址在德国巴伐利亚州，名字是巴伐利亚发动机公司，巴伐利亚州的州旗是蓝白二色相间而成，所以宝马代表了巴伐利亚，也带代表了德国最精湛的发动机技术。后一种说法应该更为可靠一些，因为当年宝马面临被其他公司收购的危机，赫尔伯特为了挽救宝马找到了巴伐利亚州政府，政府就是出于对本地工业的保护，才出面干预保护了宝马。

不过，无论哪一种解释，都是对宝马的一种认可。蓝天白云曾是宝马的发祥地，螺旋桨是宝马不竭动力的表现，巴伐利亚的纯净象征血统的纯正，这些都是宝马真实的写照。今天人们看到宝马的车标，能想到的就是纯正的德国血统、飞驰的钢铁骏马、永远不会止步的奋斗步伐，这些就够了。这个标志已经与尊贵、前进、征服、成功紧紧联系在一起，走进了人们的视野和内心。

在中国，"BMW"的音译更有味道。

1992年以前，BMW在中国并不叫宝马，而被译为"巴依尔"。这是因为BMW第一个单词是 Bayerische，前面的几个字母简单的音译就是"巴依尔"了。这是一般外来语的译法，尤其是地名通常都会这样翻译，虽然容易了，却也没有了美感。比如泰国、俄罗斯、挪威等这样的国家名我们都是直译的，还有咖啡、沙发这样的用品也都用了直译的方式，虽然好接受，但很生硬。如果换一种译法，可能就会有意想不到的效果。

"BMW"这三个字母的汉语发音与"宝马"很接近，中国人很易接受，最重要的是在豪车与名马之间人们总是浮想联翩。自古以来宝马香车，英雄美人，一辆现代座驾无异于古代的英雄坐骑。遥想赤兔乌骓与他们意气风发的主人融为一体，风驰电掣，力敌万钧，多么有气魄。"至今思项羽，不肯过江东"，"人中吕布，马中赤兔"，千古英雄梦虽断，留得美名四方传。当年"项羽巨鹿之战，九战九捷，以少胜多；力战六十多员汉将，霸王枪未点地，马未倒退半步，霸王身经百战无有败绩"，《西汉演义》描绘了好一幅英雄征战图。项羽的"踢云乌骓"是他英雄本色得以显现的重要功臣，所以当今"开宝马"是无数人梦寐以求的生活，因为"宝马"赋予了人们英雄梦梦想成真的意义。

古今中外，座驾与主人就是不可分离的整体。所以历代君王乘坐高车大辇，名将驾驭千里名驹。自从汽车问世，那些名人都选择与自己身份相符的名车以示尊贵。所以美国总统选择林肯和凯迪拉克，英国王公选择劳斯莱斯和宾利，而萨博、玛莎拉蒂都是世界富豪的专宠，就连最低调、最简朴的亿万富婆约翰娜·科万特也选择了宝马7系豪车作为自己的代步工具。

当然，宝马能跻身世界名车之列，不仅因为它漂亮的车标，最重要的是它经过百年的沉淀已经超越了简单的图案，"BMW"的宝贵精神和优秀品质牢牢地抓住了人们的心。

第五节　宝马历史博物馆

恢弘志士之气，不宜妄自菲薄。

——诸葛亮

宝马的价值不在于它用了什么样的技术，在这个技术共享的透明时代，宝马依靠它绵长的历史积淀成为一个文化符号，成为富贵与成功的代名词。宝马的"记忆"书写了一个品牌的发展历程，精彩多姿而又意味深长。忘记过去等于背叛，宝马从没有一刻以骄傲的姿态面对自己，所以宝马始终负重前行，也因此走得稳、走得远。

宝马在慕尼黑有一座世界闻名的四缸形办公大楼，离这座大楼不远有一个碗状的建筑，那就是宝马历史博物馆。

从高空俯视，宝马汽车的标志清晰可见。宝马博物馆于1973年建成，碗状建筑的顶部是一个圆形平面，深深嵌着"BMW"的蓝白圆形标记。如今，宝马博物馆每年有差不多20万的游客参观游览，宝物馆环绕式展厅按照不同年代和时期展示出历年宝马生产的汽车、摩托车、轻骑和一些特殊用途的车辆样品。博物馆运用现代的声、光、电、多媒体等高科技手段配以精致的图片和音像资料，把宝马百年来的历史生动地展现出来。其实这座博物馆是建给游客也是建给宝马自己的。游客惊叹于宝马历史的悠久和业绩的突出，宝马公司则时时提醒自己出品的每一辆车都是宝马前辈勤奋与开拓精神的写照。一座面积为5000平方米的博物馆只为一个汽车公司而矗立，可想而知这个公司的历史该有多么壮丽。

这个博物馆建在公司大楼旁边，可以揣度出当初设计者的用意。

宝马博物馆第一个展品不是汽车也不是摩托车，而是一台飞机发动机。再也没有一种方式能更好地表达对先驱的敬慕之情了。宝马建成博物馆的时候，宝马汽车风靡全球，但在宝马博物馆里的这台飞机引擎告诉人们，宝马没有忘记过去，吉斯坦·奥托和卡尔·拉普的付出已经有了回报。这台动力十足的飞机引擎也是对宝马高贵血统的一个证明，宝马不仅飞过蓝天白云，宝马也是巴伐利亚的骄傲。

宝马的展览馆里有第一辆摩托车BMWR32，也有最新的汽车宝马8系。看到宝马出品的英德混血王子BMWDIXI315，会想起宝马艰难的起步，看到BMW303会想到宝马的扬眉吐气。每一辆车都有故事，这些鳞次栉比的展品密密地书写着宝马漫长而丰富的历史，为我们展示出一个企业发展中厚重的文化内涵。这是一个怀旧又不断更新自我生命力的旺盛的企业，是一个高贵而又有鲜活生命的企业，是机械的世界，也是人的世界。

这里有20世纪30年代最成功的宝马汽车BMW326。在1936年柏林汽车展上，宝马推出一款三厢四门轿车，主要目的是与当时已成为豪华车代表的奔驰竞争中上层消费者，BMW326做到了。这款宝马豪华轿车的开山鼻祖从1936年诞生到1941年停产总共售出16000辆，一共有敞篷、硬顶四门和敞篷两门三个车型，采用了先进的液压刹车方式，让车主在驾驶时不需要太用力就可以踩住刹车，同时采用扭力杆后悬挂系统以及独立前悬挂系统，大大提高了驾车的舒适度。这是一款集结宝马汽车动力特点与人性设计优势为一体的汽车，也是宝马汽车准确捕捉到市场需求的成功之作，它为宝马立下战功，静静地在那里接受人们赞赏的目光和啧啧的赞叹。

博物馆里还有宝马最贵的老爷车——BMW507。BMW507从1956年正式生产到1959年停产，三年的时间里只生产了254辆，毕竟它昂贵的价钱只能被真正的富人接受。在254辆BMW507的主人中有人们熟知的猫王菲利普斯。由于生产量太小，这款车的售价曾接近28万欧元。其实在德国，一部标准版的劳斯莱斯也仅仅需要26万欧元。所以宝马作为身份的象征真的值得拥有。

这里还有宝马的功臣车，未必豪华，但外形抢眼，这就是1955年宝马推出的精致小车BMWISETTA。BMWISETTA是使宝马走出战后阴影的一个功臣，尽管这辆小车只具备了宝马运动化、紧凑化、动力强三大特点当中的一个——"紧凑化"，但是它无疑是宝马历史上最可爱的一款车型。

有人说刚看到这辆车的时候，感觉它是一个鸡蛋加了四个车轮，有人把它称为"巴伐利亚的跳蚤"，这两个说法倒都形象得很。上世纪50年代初期，德国经济开始复苏，但对大多数人来说购买宝马1952年推出的BMW501和装配V8发动机的502这样的豪华车还是一种奢望。BMW501和BMW502叫好不叫座，公司不得不另谋出路，改变方向。宝马的摩托车虽然销量不错，但是人们更希望拥有一辆性价比合适的迷你型汽车，汽车遮风挡雨的效果总要比摩托车好一些。所以宝马高层决定生产一款经济实用的小车，宝马再一次走了捷径，公司四处寻觅，最后看中了意大利一家冰箱生产公司ISOMOTO设计的ISETTA。宝马买下了ISETTA的名称所有权和生产所需的工具，在1955年推出这款十分特别的小车。BMWISETTA身长只有2.29米，前面开门的设计是它最与众不同的地方。车门可以在汽车头部旋转打开，方向盘和仪表盘随着车门一起旋转出车外，乘车人可以轻松地"走进"汽车。麻雀虽小五脏俱全，BMWISETTA包含了汽车的一切元素，坚固的车顶和80千米的时速可以满足上下班代步也可以作为旅行用车，最重要的是不用为找车位而为难。当然更重要的因素还是它的价格，当时BMWISETTA售价是2550马克，一般工人6个月的收入就可以拥有一辆宝马汽车，所以BMWISETTA一上市就大卖特卖，上市的当年就销售近13000辆，这个数字创造了当时汽车销售的奇迹。

说BMWISETTA是当时最受欢迎的家用汽车一点也不为过。不仅平民喜欢它，就连大明星也喜欢它。出演《罗马假日》的大明星格里高利·派克一见到这个小"跳蚤"就赞不绝口，立即买下两辆开回家。高涨的人气带来了销售奇迹，在BMWISETTA推出的几年里，售出超过16万辆，这辆"小车"是宝马在赫尔伯特接手之前撑起宝马的大功臣。正是因为有

BMWISETTA的抛头露面惹人喜爱，宝马才能有能力、有经费研发新车。1962年，宝马逐渐走出低谷，人们的消费能力也得到了提高，与BMWISETTA竞争的车型也越来越多，这个可爱的小家伙才逐渐退出历史舞台。但是并不因为BMWISETTA长的小，宝马就会忘记它。人们相信，如果现在BMWISETTA还生产，它和奔驰SMART的风头说不上谁更大呢。

如果再说一辆车那就得说说BMW1500。因为BMW1500是赫尔伯特·科万特接管宝马以后推出的第一款主打车型，它为赫尔伯特站稳脚跟立下了汗马功劳。

赫尔伯特·科万特成为大股东后因为保住了宝马也就更有发言权，他给宝马的定位是生产人们能买得起的豪华车，他把宝马的消费群体定位为越来越壮大的德国中产阶级。赫尔伯特这个半盲人却天生为汽车而生，他准确的定位使宝马起死回生。1961年专门为中产阶级量身定做的BMW1500在法兰克福车展上刚一亮相就惊艳四方，在车展举办的几天里，就接到了数千辆的订单。其实赫尔伯特只是想通过BMW1500在车展上的表现为沉寂多年的宝马一壮声势，这款BMW1500还没达到量产，应接不暇的订单反倒给宝马造成了一种压力，好在这是一种幸福的压力。尽管到1961年这款BMW1500已经有了2万辆的订单，但工厂的产量仅为2000辆，但是有了需求就不会难倒宝马，公司很快解决了产量问题。随着BMW1500的热销，宝

马公司终于可以长舒一口气了。在BMW1500后宝马又相继推出了BMW18000和 BMW2000，在1972年，BMW1500的姐妹车共生产了近33万辆，宝马也顺利回到豪华车制造商的阵营，赫尔伯特的汽车大厦拔地而起。

宝马生产的好车实在是太多了，不可能逐一介绍，所向无敌的设计师Paul Rosche在1983年为宝马参加F1赛事设计了4缸16气门1.5升涡轮增压发动机并首次采用数字式发动机管理系统，马力高达800-1300bhp，为宝马赢得了9站Grand Prix F1赛车大奖。在BMW1500之后的BMWM3是宝马赛车早期至尊，也是宝马运动车型的典型代表。从1986年开始生产共有17100辆问世，宝马的M系是全球最著名的性能版轿车。而第一代M3在赛场上赢回的奖杯足够把这辆车包围起来，1987年世界房车锦标赛WTCC冠军、1987和1988年欧洲房车锦标赛冠军、1988和1991年英国大不列颠房车锦标赛冠军、1987和1989-1991年意大利超级GT锦标赛冠军、1987年澳大利亚房车锦标赛冠军、1989-1992年四次纽堡林24小时耐力赛冠军、1987到1992年除了1989和1991年里四次获得Spa24小时耐力赛冠军。大大小小的奖杯是宝马在赛车领域雄姿英发的证明，宝马在赛车世界里的雄风今天依然不老。

宝马的750iL也是可圈可点的，詹姆斯邦德的座驾并不都是阿斯顿马丁，《黄金眼》中邦德用手机来遥控武装到牙齿的

宝马750iL的精彩场面让人念念不忘。

宝马出品不胜枚举，Z系、7系、8系，到收购的路虎、MINI、劳斯莱斯幻影，显然如果把宝马的每一款汽车都展示出来，再加上那些梦幻般的摩托车，焚膏继晷才能完成。宝马把激情和梦想奉献给世界，同时也把一路辉煌记录下来，超越群雄不易，超越自己更难，但是宝马博物馆的每一个作品都记录了宝马的自我超越，宝马作为了不起的世界品牌，有太多的东西值得人们沉思了。

在宝马博物馆里也有收购了罗孚以后生产的路虎、罗孚和MG，如今它们已经另有所属，但是作为宝马发展中的一个失误，它们是最有力的见证者。

宝马公司在自己的办公大楼旁边建造博物馆，每年接待来自世界各地的宝马车迷，这里不仅记录了宝马发展过程中的辉煌，也毫不掩饰地展示了宝马的败笔。如此诚实地把自己呈现给世人，表明了宝马的自信，也证明了宝马的勇敢。

世界金融信息大王迈克尔·布隆伯格经常告诫员工："我们今天最大的挑战是什么？是抵抗成功以后的副作用，抵挡发展带来的陶醉感，治愈立足之后让人们丧失斗争的癌症。"

这是企业文化的精髓，一个企业要发展就要不断勉励自己，具有反思的勇气，宝马公司那个碗状的博物馆是宝马历史

的记录单，也是宝马后来人的警示牌。那些为宝马带来转机的车型背后是宝马前辈智慧和汗水的结晶，那些把宝马拖累得疲惫不堪的"败家"车是宝马前行的高昂学费，在荣辱之间徘徊挣扎的宝马有今天领衔世界豪车队伍的地位不是浪得虚名的，为了保持现有的荣耀，宝马的博物馆内螺旋式的展馆应该没有尽头。

历史从来都是最好的老师，铭记过去是对未来的一种最好的激励。

第六节　不能留下绊脚石

> 良农不为水旱不耕，良贾不为折阅不市，士君子不为贫穷怠乎道。
>
> ——荀子

宝马能有今天的成就是因为它招徕的商业奇才，每个人都有无可替代的本领，而宝马公司总能让他们把这些本领完全发挥出来。宝马是那些商业经营、设计大师的天堂，他们的理念和精神在公司得以实现，他们的个人价值与公司发展融为一体，人借公司实现梦想，公司凭人步步登高。任人唯贤是赫尔伯特·科万特接管宝马以来科万特家族成员一贯坚持的用人原则。现在，选人才用人才的良性循环已经形成，宝马自然生生不息，越来越好。

去过寺庙的人都知道，一进庙门，先看到的是笑容可掬的弥勒佛，在弥勒佛的北面是面色阴沉的韦陀。但是传说在很久以前他们并不在同一个寺庙供职，而是分别掌管不同的寺庙。弥勒佛热情快乐，能给人以积极的能量，所以他的寺庙香火鼎盛，但是弥勒佛口大心大，对什么都漫不经心，总是丢三落四，账务一塌糊涂，所以尽管人来人往，依然入不敷出。而韦陀掌管的庙宇虽然井井有条，可是韦陀面部表情总是那么凝重严肃，让人感到压抑和害怕，香客们都敬而远之，所以寺庙冷冷清清。后来佛祖在检查各寺庙的香火时发现了这个问题，就把两个人安排在同一座寺庙，由弥勒佛负责接待，笑迎八方来客，由韦陀掌管财务，让香客的布施能得以善用。果然，从此以后两人共同掌管的寺庙香客盈门，络绎不绝，而账目管理毫厘不差，寺庙一派欣欣向荣的景象。

所以真正的大师是知人善用的佛祖，而真正的商人最好的经营就是人的经营。

赫尔伯特接管宝马的时候公司四分五裂，那些大股东因为没能如愿委身于业界豪门戴姆勒奔驰而对黑马赫尔伯特耿耿于

怀，哪怕是他们自己参股的公司，他们也不肯伸出援手，只是静观其变。德意志银行的袖手旁观让赫尔伯特显得孤苦无依，但是赫尔伯特像一个骑士，绝不低头，他四处奔走，为保持宝马独立性而不遗余力。他一边去寻找能支持自己的经济同盟，一边多方网络人才，所以当他接手宝马一年的时候，他已经拥有很多忠实于他的同盟军了。

宝马最先拥有的是保罗·哈恩曼这个开路先锋。哈恩曼是一个销售奇才，他主管销售，发现公司积存了大批BMW700。BMW700外形漂亮内在实用，适用于有点经济基础的中产阶级，在宝马自救过程中BMW700起到了非常重要的作用，但是由于产量过高、库存过多影响了公司资金周转。哈恩曼看着这些静静卧在那里的BMW700，只使用一招"杀鸡儆猴"就顺利把库存积压问题解决了。他先是找来一名经销商，要求他购进40辆BMW700，这名经销商担心自己卖不掉拒绝进货，于是哈恩曼当即宣布解除与这个经销商的代理合同，然后要求下属给所有宝马经销商都分配一定数额的BMW700。就这样，1000辆库存车被强卖出去了，那些经销商为了保住代理合同都乖乖地给宝马汇去了"购"车款。这招"杀鸡儆猴"最厉害的还不是"杀"，原来那个被解除合约的代理商是众多代理商中销量最低的一个，即便是"杀"掉了，损失也不大，这是一个精明的操刀手。

　　一个开拓中的公司需要像哈恩曼这样的骁将。保罗·哈恩曼曾是纳粹党卫军的一名军官，或许是军人本色，哈恩曼说话声音洪亮，做事雷厉风行，带有强烈的个人主义色彩。他的这种性格特点让宝马充满主动性，一旦找到了切入点，宝马就能长驱直入。哈恩曼的确是一个战略家，他敏锐地捕捉到消费群体的心理需求。他发现当时欧洲较为富裕的年青一代对成熟稳重的奔驰已产生疲劳感，又对物美价廉的大众、福特有一种拒斥。于是他认为宝马具有冲击奔驰的潜质，他提出了宝马的夹缝理论，在豪华的奔驰和平民的大众、福特中间穿行。而且宝马得天独厚的条件就是它优良的发动机技术能达到运动型轿车的要求。这一战略性的宏观判断为宝马寻求到了发展方向，宝马开始向轻便快捷运动型的豪华轿车方向发展，事实证明哈恩曼的看法绝对正确，宝马不仅找到了自己的路，而且最终凭借"运动"理念拥有了一大批消费者，在奔跑了近30年后实现了超越奔驰的目标。

　　哈恩曼是宝马公司复活的重要人物，他劳苦功高，赫尔伯特对他也尊敬有加，可是哈恩曼建功立业后犯了骄傲自大的毛病，到后来他甚至成了公司发展的绊脚石。

　　哈恩曼的悲剧在于他贪婪狂妄、傲慢无礼、不懂得尊重别人，如果他不居功自傲，赫尔伯特·科万特也不会萌生寻找新人接班的念头，并最终实施让年纪轻轻的冯·金海姆登上宝

马CEO的宝座。其实哈恩曼在宝马的10余年里为宝马做的事情让他身居高位是一种再正常不过的事情，他用铁腕推销政策销售了积压的库存车、为宝马确定了运动方向，但是他"过于独断专行，跟他工作你永远不知道自己在哪一天身家不保，赫尔伯特看不惯他这一点"，一位宝马的前管理人员如是说，所以单凭这一点足以抹杀哈恩曼的功劳。况且他贪得无厌控制经销商、假公济私让自己的情妇包揽公司的印刷业务，这些都是他自掘坟墓的行为。赫尔伯特让他全身而退已经是很对得起这位宝马重臣了。

赫尔伯特在用人方面的坚决果断为公司的光明前途提供了必要的条件，他启用一个外行做监事会主席并获得了巨大成功也成为行业佳话，后来的保时捷公司也效仿了宝马的做法，找到了一个与冯·金汉姆一样的奇才温德林·威德金，创造了保时捷公司的辉煌。

第七节　奇才与奇迹

人既尽其才，则百事俱举；百事举矣，则富强不足谋也。

——孙中山

如果用对了人，一切将变得更好。鲍勃·卢茨是赫尔伯特为宝马觅的另一颗宝石，他与冯·金海姆构成了一道奇特的风景，因为冯·金海姆更适合做宝马的领袖，虽然鲍勃·卢茨在宝马仅仅停留了3年，可是就这短短的3年里，卢茨也为宝马立下了赫赫战功，再一次证明宝马公司对人才的识别和使用的能力的确超乎寻常。

即使是片刻的停留也要闪现华光，每一个在宝马驻足的人都是卓尔不群的精英。鲍勃·卢茨离开宝马后在克莱斯勒和通用做到了副总裁的位置。

鲍勃·卢茨是汽车界大名鼎鼎的人物，他在克莱斯勒和福特公司的光辉业绩让他成为改变世界汽车业六巨头之一，而这位营销专家在宝马的短短几年里也留下了光辉的足迹。卢茨让

宝马再度重视摩托车产业，是卢茨稳定了宝马在北美的市场。

宝马是世界著名的豪华汽车和摩托车制造商，这一点没有人怀疑。可是有很长一段时间宝马的摩托车产业处于自生自灭的状态，是鲍勃·卢茨改变了摩托车在宝马的地位。1923年BMWR32的良好记录一直让人记忆犹新。二战结束以后，宝马再度凭借摩托车东山再起。在宝马发展史上摩托车研发和生产不可谓不重要，但事实上宝马还是有些偏心，好像更注重汽车的发展。宝马不愧是一个技术实力雄厚的科研型公司，在20世纪50年代到60年代末，宝马在摩托车领域取得了不俗的成绩，BMWR24在德国摩托车顶级赛事上连续多年蟾宫折桂。可是到了70年代初，由于来自日本的竞争，宝马的摩托车销售几乎瘫痪了。刚到公司不久的卢茨发现根本没有人对公司的摩托车业务负责。工程设计部门中只有一部分人在研究摩托车，制造、设计、销售和营销等部门也如此。

卢茨找到了宝马公司的监事会主席冯·金海姆，他问主席他能否每周召集公司各部门从事摩托车业务的相关人员开半天会，他想整顿宝马在摩托车领域里的混乱局面。冯·金海姆同意了，但仍提醒卢茨记得他是宝马汽车部的销售及营销负责人。

这种周例会开始了，卢茨关于摩托车发展的构想慢慢变成现实。不久以后宝马开发出R90S，这是一款金刚摩托车，让人想起宝马摩托车曾经辉煌的过去，这款新车改变了宝马摩托车的命运。BMWR90S曾被誉为世界摩托车制造领域的经典设计代表，从此宝马在摩托车领域里成了世界的风尚标，一些引领国际潮流和时尚的顶级摩托车相继问世。如今的宝马摩托车依旧价值不菲，有的要比一般的汽车还要贵。

宝马能在摩托车领域里占得先机，一是有一支强大的科技队伍，另外一点就是宝马遇到了一个为公司发展尽心竭力的好员工鲍勃·卢茨。

鲍勃·卢茨原本是福特公司的销售经理，经过销售大师卢茨的全力推广，"BMW"这三个字母在美国走红。经过了两次世界大战，美国在世界格局中的地位已经确立，这个超级大国的消费方向就是全世界的方向，卢茨的丰功伟绩就是通过打开美国市场改变了全世界人对宝马的看法。

20世纪70年代初美国"4664"婴儿潮的婴儿已经长大，一部分涌入社会，一部分正在求学，此时他们正处于世界观、消费观形成的最重要时期，可是在他们国家好多人都认为"BMW"这三个字母是"英国汽车工厂"的首字母缩写。为了扭转这一局面，卢茨把精力投放到了广告宣传上。

1974年，卢茨对宝马在美国的广告代理商进行评估，最终选择了新崛起的灵狮广告公司，并让这家公司为宝马制作新的广告。卢茨放弃那些资历老、名气大的广告公司是因为灵狮广告公司的两位负责人拉尔夫·安米拉提和马丁·普力斯，他们曾是一家名为卡尔艾力的时尚代理公司的广告撰稿人，那家公司在美国菲亚特公司制作过的一些精彩广告让卢茨很难忘。现在这两个人自己开了广告公司，卢茨对他们寄予了厚望。

拉尔夫·安米拉提和马丁·普力斯很珍惜这个来之不易的机会，对于职场新秀最重要的就是把握机会。最终他们一战成名，不仅为宝马设计出效果非凡的广告，也在广告史上留下了美名。宝马作为一个有质量保证和驾驶快感的汽车品牌，因为那些成熟的品牌总像一堵又厚又高的墙，让人难以跨越而不能实现跻身世界顶级消费品牌的愿望，它是人们视线之外还未被发现的宝石。两个年轻的广告人苦心孤诣、深入挖掘宝马的独特性，发现了宝马异于常人的独特魅力。他们设计了一则以"新式豪华"为理念的广告，强调宝马在速度、驾乘感觉、操作性及动力性上的综合优势，马丁·普力斯为广告设计的结束语是"终极驾驶机器"。

这则广告在美国平面媒体和电视中被铺天盖地地宣传着，"4664"婴儿潮的孩子们脑子里被塞满了宝马这个"终极驾驶机器"的概念。宝马的这则广告不仅让美国人知道了"BMW"的真正意义，稳固了宝马公司在美国市场的地位，更重要的是为宝马吸引了一批潜在的客户。那些正在成长中的孩子对宝马有了强烈的渴望，他们为了拥有像宝马一样的豪华消费品而努力读书找工作，终于在成年之后成为宝马最大的消费群体。虽然当初看过宝马广告的孩子后来有可能选择了奔驰、奥迪或是萨博，但是他们并没有忘却"宝马"的冲击，因为"宝马"不是简单的交通工具，"宝马"已经成为一种象征，是新型的雅皮士阶层的身份证。

世界上没有哪一个汽车品牌能像宝马一样给人们带来积极的联想，宝马是人们梦寐以求的品牌。20世纪80年代中期以后，世界上每一个汽车品牌都渴望能有宝马那样的身份，宝马成了所有公司的参照标准，就连早已离开宝马的卢茨也不例外。1987年卢茨加盟克莱斯勒以后第一次参加欧洲车展时，他对摩肩接踵的欧洲记者说："如果把这辆克莱斯勒男爵反翻过来，你会发现，宝马有的它都有。"

而当初正是卢茨借助灵狮广告公司放大了宝马的优点，把宝马变成了超级豪车品牌。了不起的宝马用了了不起的人，拥有奇才才能创造奇迹。

第八节 都能喝到肉汤

> 寻求快乐的一个很好的途径是不要期望
> 他人的感恩，付出是一种享受施与的快乐。
>
> ——卡耐基

宝马的前进过程就是去粗取精的过程，谁不合时宜谁就得退出，去留之间全凭公司利益衡量。哈恩曼的傲慢最终让他讪讪离开，晚节不保的他只能让位给对公司赤胆忠心的冯·金海姆。哈恩曼的失败是因为他自私自利，而冯·金海姆的成功就在于他公私分明，懂得营造和谐的工作氛围。

当年埃米尔·科万特和君特尔·科万特都与同行和合作伙伴结成了友好的关系，冯·金海姆也延续了这一传统。冯·金海姆规定宝马必须要"正确行事"。他说："我们需要正确地对待人们——我们的客户和供应商，所有来信必须在当周回复，对待供应商我们必须有礼貌。有些供应商被装配商逼上绝路，我们则必须有正确的态度。"

传说牧师和上帝讨论天堂和地狱有什么不同。

上帝带着牧师来到一个房间。只见一群面色蜡黄、瘦骨嶙峋的人围在一大锅肉汤边上，汤锅里的勺子足够每个人拿到一把，但是汤勺的手柄比他们的手臂还要长，自己根本没办法把肉汤送到嘴里，只能看着一大锅鲜香无比的肉汤饿得有气无力。

"这就是地狱。"上帝对牧师说，"来吧，我再让你看看天堂什么样。"

他们进入了另外一个房间。牧师起初觉得这里的一切跟刚才那间房没什么区别，也是一群人围着一锅肉汤，每个人面前的汤勺手柄一样比人的手臂还要长。但是仔细一看，发现这个房间里的人各个容光焕发、身体结实。

"怎么会这样？"牧师问上帝。"为什么同样的条件地狱里的人都看着肉汤一脸苦相，而天堂里的人却对着肉汤满脸笑容？"

"因为地狱里的每个人都只想着喂饱自己，而天堂里的人都是去喂别人。"上帝微笑着回答。

故事的真伪不用去辨别，但是故事的道理却非常深刻。同样的条件有的人离成功越来越远，有的人却每天与幸福结缘。企业与合作伙伴的利益就是那锅肉汤，如果肯为对方考虑就能各取所需，这就是利益的最大化，也是可持续发展的最好战略。

宝马有冯·金海姆这样的掌舵人真是万分幸运。宝马要加速发展，"科学技术是第一生产力"绝对是真理，所以冯·金海姆把能利用的资源都充分调动起来。他的策略是让配套商去攻克技术难题，他则将配套商制造的部件当作商品并保护他们的技术。以博世为代表的德国配套商为例，他们帮助宝马完成了很多生产任务。

20世纪80年代初期到中期，宝马在工厂内生产的比例是汽车界最低的。冯·金海姆对配套商的尊重为宝马得到了配套商研发的最先进技术，这些先进技术为宝马闯荡世界推波助澜。宝马的做法对汽车界原有的制造商和配套商之间的格局产生了重大影响，使二者的关系从绝对的主动与被动变成了互惠互利的对等关系，使生产链条之间有了润滑剂，对汽车界各相关领域的正常发展都起到了积极的作用。

"您在事业上取得了巨大的成功，能说说您认为获得成功最重要的是什么吗？"在一个企业家的报告会上，有听众问道。

企业家没有直接回答，而是用粉笔在黑板上画了一个不完整的圆圈。

"这是零吗？"

"是不断发展的事业吗？"

"是事情不求完美吗？"

台下的人议论纷纷。

"这是一个不完整的句号。"企业家对满是疑惑的听众解释道，"我成功的秘诀就是我从来都不会把事情做得很圆满，但这不意味着我们企业有缺陷，而是我一定要留个缺口，让我的下属来填满它。"

其实一个人再优秀也不可能十全十美，而我们常说"三个臭皮匠赛过诸葛亮"，就是指"合作"的巨大效力。冯·金海姆在公司里绝对不会事必亲躬，他有一支团结的队伍，这支队伍连接着公司的上下各个层面。就像赫尔伯特给了冯·金海姆最大的信任一样，冯·金海姆也对这支队伍绝对信任，他们同样也回报给冯·金海姆和宝马百分之百的忠诚，他们各司其职，在技术和管理方面都无懈可击。

冯·金海姆在公司里为年轻管理人员设置的位置最多，这让宝马永远不缺少新鲜血液。在宝马收购罗孚的败笔中不仅损失了很多金钱，而且还被挖走了好几员干将，但是宝马的管理依旧天衣无缝。奥迪和大众两大公司的高管都曾经无限感慨地表示，宝马最大的成功在于有一个无坚不摧的精英团队。

宝马公司的员工就像在天堂里，他们一起合作，把宝马公司打造成世界一流的汽车公司，因此他们总能接到同伴递过来的汤勺，品尝肉汤鲜美的味道。世人谁不愿意在这样温馨的地方生活呢？

第九节　留住身上的"羊毛"

不为利动，不为威劫。

——黄兴

"稍稍借贷度日，有收之年送还田主。谚所谓'羊毛出在羊身上'。"这句话出自明代唐顺之的《公移·牌》，意思就是表面上得到了人家的好处，其实这好处已经附加在自己付出的代价里。现在商店里动辄贴出挥泪大甩卖、买一赠一、买300赠300等诱人的销售口号，其实仔细想想，你口袋里的钱最终都给了商店的收款台。有很多东西都不实用，只是因为赠券过多舍不得浪费，于是真的出现了浪费。

最好的生财之道自然是生产出优质的产品从而扩大市场、占有市场，但是在这之中，还有一个重要的守财之道，那就是保住身上的羊毛，有很多大商人都说"节约一块钱就是等于赚了一块钱"，这话绝对没错。

"我和我的夫人刚从巴黎回来。"一位宝马董事在董事会上很不满意地说，"我们去参加了车展，但是我此行很不满意。我不得不说是卢茨先生对法国销售公司所做的一切导致了这一结果。"

"以前去巴黎，原来的经销商会派劳斯莱斯到机场接我们，把我们送到雅典娜饭店。"那位董事接着说，"在房间的鸡尾酒桌上，会有一块精美的金表和一只钻石手镯。而如今，我们进入房间，我们能听到的只是'欢迎您来到巴黎。您的展会门票在信封里。如果还有其他需要，请随时吩咐。'态度如此冷淡，多么令人气愤！"

"先生，请问在此之前您是否想过由谁来为那只金表和钻石手镯买单？"鲍勃·卢茨不急不躁地问那位怒气未消的董事。

原来，在冯·金海姆和鲍勃·卢茨接管宝马的时候，他们发现公司的销售方式存在巨大缺陷。除了在本国，宝马公司在国外的业务都是由独立的进口商来做，这些进口商就是一只只吃不饱的蛀虫。他们可以享受15%的经销商佣金，如果他们自己开设零售店，他们还能赚上22%的零售佣金，如此一来，他们得到的利润将超过30%，而宝马公司不过以成本价向他们发货，这样做的结果就是宝马赔本赚吆喝，至多是保本赚吆喝。

"这样可不行！"冯·金海姆听了鲍勃·卢茨的调查结果后说。

当时的销售体系是哈恩曼建起来的，所以那些经销商都围着哈恩曼转。冯·金海姆是不能容忍这种事情发生的，于是，鲍勃·卢茨启程到欧洲各国解决问题，主要的方式就是从那些进口商手里买回进口权。鲍勃·卢茨不愧是有经验的营销专家，他不仅最先发现了宝马公司的营销问题，还出手解决了这个隐藏了许久的祸患。

鲍勃·卢茨带了一个律师一起展开了工作。

"我们进行了很多次谈判，并不都是和颜悦色。新成立的欧共体有很多法律条文我们也需要应对，直到解除了与马克西·霍夫曼的合约我们才算完成了任务。" 鲍勃·卢茨在对董事们说。马克西·霍夫曼是宝马在美国最大的经销商，他自己就有一个庞大的零售网，他也是最难解决的一个。

宝马公司的各国进口商过着超乎人们想象的奢侈生活。据鲍勃·卢茨说，法国进口商，就是那个会上不满意鲍勃·卢茨工作的董事，他是一个非常大的进口商。他19岁的儿子就像一个王子，男孩儿身穿白色小山羊皮的猫王套装，有穿白色制服的司机为他驾驶白色的劳斯莱斯，车内的装饰都是白色真皮的。

"他们吞噬了属于我们的大量利润后过着这样奢靡的生活。"鲍勃·卢茨描述完之后对在座的董事们说。

"这些经销商都很精明，他们会用非常有诱惑力的贿赂来打动宝马的高层管理人员，以达到他们的目的，保住他们的经营权。比如他们会去希腊岛屿的海上旅行，也有其他的东西。"

"您只需要告诉我们您的目的地就可以了，我们会为您准备好游艇和船员以及您喜欢的酒。"鲍勃·卢茨说，"这是他们惯用的伎俩。当你问他这样做合适不合适的时候，他会说'不用担心'。"

鲍勃·卢茨在这次的清除工作中就遇到过类似的情况，那是在意大利。经销商说他在地中海有一艘漂亮的游艇，在那里可以把不让他继续做经销商的事情放在一边，而单纯地出海去玩10天，船上有惊喜。但是鲍勃·卢茨坚决地拒绝了，他说他已经看到了那位经销商为他准备的摄像头，那可不是他喜欢的。就这样，鲍勃·卢茨完成了他在宝马最得意的工作，让公司控制了经销网络，而不再像哈恩曼时代那样把公司的"羊毛"拔下去穿在自己的身上。

鲍勃·卢茨和冯·金海姆重建经销网络的工作为宝马公司挽回了巨大损失，使宝马在国外的销售有了真正的意义。

经营之道就在于发现问题并积极地解决问题。人们有很多机会面对诱惑，但是只有抵挡住诱惑，你才能毫发无伤，记住"天下没有免费的午餐"。

和创造世界名牌的人
一起放飞梦想

Let the dream fly

第十节　锦上还需添花

生命有如铁砧，愈被敲打，愈能发出火花。

—— 伽利略

　　世界上的成功者大多都有执着的精神和坚强的性格，在公司发展中也必定有着支撑公司前进的核心理念，虽然说法不同，但是实质都是一个，那就是勤奋、创新、脚踏实地、仰望星空，这些是汗水、科技、梦想与激情的完美结合。

　　往往一件商品本身的价值是有限的，而购买过程和购买其之后的一些连锁行为更能体现商品的价值，这就是商家服务所体现出来的另外一重价值。周到的服务是对优质产品的锦上添花，所以宝马要把这锦缎上的花绣得精致而细腻，消费者一边感受驾车的快乐，一边感受到被人尊重的愉悦。仔细研究世界上一些大品牌的长寿与昂贵之道，对消费者的尊重是他们共同的特点。

　　宝马能有今天的辉煌，一个重要的原因就是在汽车的生产与销售过程中，时时以客户为中心，对客户提出来的要求尽量满足。

冯·金海姆是一个天才管理学家，宝马在他担纲发展期间得到了长足发展，其中有一个很重要的制造理念从他领导时期就开始推广，并为公司赢得了一批个性独特、资本雄厚的客户。冯·金海姆提出的就是在公司推广"柔性制造"的方式。这种柔性制造就是在一匹上好的锦缎上镶嵌昂贵的珍珠，虽然价格不菲，但由于独一无二而物超所值。

传统的"刚性制造"是一种自动化生产线的单一品种、大批量生产的方式，而"柔性制造"是一种相对多品种、小批量的生产方式。有人喜欢淡雅的空谷幽兰，有人喜欢富贵艳丽牡丹，宝马公司为了满足顾客的特殊口味，采用了柔性制造的生产方式。

公司可以接受客户非常个性化的车型，这种装配线上绝不会出现两辆完全相同的宝马。客户化概念使宝马的客户可以设计自己想要的车型，虽然数量不多但是利润丰厚。这种柔性生产起步早，加上宝马出品的汽车品质有保障，所以到2000年，宝马在照单生产的数量上已经远远走在世界前列。

宝马不断研发的新技术也是宝马的一朵朵华丽怒放的鲜花，这些技术让原本就贵气逼人的宝马更加夺目。

宝马公司在技术上的优势是让所有对手都羡慕的，其实是因为宝马总能先于别人出发。冯·金海姆在宝马的柔性生产方

式入手早，在强大的技术后盾支持下宝马的柔性生产在行业中领先，在电子部件应用于汽车上，宝马仍然走在前面。

　　有些人没有这样的远见就只能错失良机看着对手占得先机了。冯·金海姆谈到宝马车上很受欢迎的电子部件时说，当年他做机械工具生意的时候，曾同梅赛德斯-奔驰谈过在汽车上安装电子部件的想法，但是当时梅赛德斯-奔驰的一位管理者的回答是"我们绝对不会采用电子部件"。所以当冯·金海姆接手宝马时，这个搁置起来的想法就变成了现实，他着手将电子控制应用到宝马的车上，结果宝马在汽车电子部件的应用方面遥遥领先。现在宝马摩托车的电子部件已经比一般汽车都先进得多了，而当年拒绝了冯·金海姆建议的梅斯德斯-奔驰也不再坚持了。

　　都说雪中送炭难，其实锦上添花也不易，就像打扮一个美女，增一分太肥，减一分又太瘦，这拿捏得恰到好处的分寸才是最难把握的。所以让我们做一个雪中送炭人，也做一个锦上添花之士吧，唯有这样，这个世界才会更加美丽。

结 语

经历百年沧桑，"宝马"一路走来，十分不易，今天正在高峰，它是无数人的梦想和希望，在时间的延绵中，宝马的未来也同样悠长无尽。

往顾"宝马"来时路，让我们从心底生出一份豪情和一份温暖，蓝天白云的颜色给了人们一种清澈高远，也给了你我一份追求的希望。

作为世界上最有价值的汽车品牌之一，宝马前进的脚步一直都没有停过。作为第一家获得美国杰出创新企业奖的得主，宝马创新的意识从没有淡化，没有消减的还有宝马公司成千上万名海内外员工对工作的热情。

宝马的创新管理模式和思维方式为宝马与时俱进提供了动力，也为各行各业树立了一个很好的学习榜样。宝马作为首屈一指的大公司，真正做到了虚怀若谷，只要是对宝马发展有利的革新计划和建议，宝马都会认真考虑，从不会计较提出革新计划和建议的人是谁，因此，那些中小型公司也因为有机会与宝马合作得以大显身手，从而实现了双赢。

宝马是德国精神的一个投射，让我们在肃然起敬的同时多一份对自我的反思。1876年，"德国制造"还是"劣质"的代名词，可20年后的1896年，情况已经发生逆转。"德国让我感到恐惧，德国人把所有的一切……做成了绝对的完美。"英国伯爵罗斯伯利说。宝马在发展过程中始终牢记"质量就是生命"的箴言，所以无论风吹雨打，宝马都坚挺不倒。

"'德国制造'之所以称霸世界，是因为德国人能把普通的金属敲打成震惊世界的科技奇迹。"这是美国《新闻周刊》对"德国制造"的评价，宝马汽车就是这句话的有力证明。如今"中国制造"也已经遍布世界各地，希望不远的将来"中国制造"能代表"优秀"这两个字。

与曾经风光无限、现已黯然离去的名车相比，宝马似乎是上帝打造的金马车，熠熠生辉，经久不衰。现在的宝马公司众星闪耀，不仅麾下宝马继续征战，连大英帝国无比尊贵的劳斯莱斯也加入了宝马战队，半个世纪过去了，科万特家族的大旗依然猎猎作响，在未来的汽车大战中让我们继续见证良将与名驹的辉煌吧。

出发吧，你的"宝马"就在前方。